场面话就应该这样说

孙锴 ◎ 编著

中国华侨出版社
·北京·

图书在版编目 (CIP) 数据

场面话就应该这样说 / 孙锴编著. —北京：中国华侨出版社, 2011.4（2025.6重印）
ISBN 978-7-5113-1297-6

Ⅰ.①场… Ⅱ.①孙… Ⅲ.①口才学—通俗读物②人际关系学—通俗读物 Ⅳ.① H019-49 ② C912.1-49

中国版本图书馆 CIP 数据核字（2011）第 043649 号

场面话就应该这样说

编　　著：孙　锴
责任编辑：唐崇杰
封面设计：周　飞
经　　销：新华书店
开　　本：710 mm×1000 mm　1/16 开　　印张：12　　字数：137 千字
印　　刷：三河市富华印刷包装有限公司
版　　次：2011 年 4 月第 1 版
印　　次：2025 年 6 月第 2 次印刷
书　　号：ISBN 978-7-5113-1297-6
定　　价：49.80 元

中国华侨出版社　北京市朝阳区西坝河东里 77 号楼底商 5 号　邮编：100028
发 行 部：（010）64443051　　　　　　传　真：（010）64439708

如果发现印装质量问题，影响阅读，请与印刷厂联系调换。

前　言

卡耐基说过："一个人的成功，约有15％取决于技术知识，80％取决于人类工程——发表自己意见的能力和激发他人热忱的能力。"口才的重要性不言而喻。纵观中国五千年悠久历史，有人站在巅峰指点江山，有人一生郁郁不得施展，越来越多的人开始承认，"嘴巴硬"就是一种真本事。从古至今人们要想成就一番事业，都得需要有一副好口才。赤壁大战前，诸葛亮在东吴智激周瑜、舌战群儒、说服孙权，靠的正是自己的雄辩才能。

然而不得不说，很多人都缺乏语言上的天赋，即使后天勤加锻炼也难免有所不足。因此，你还需要掌握一种特殊的技巧——场面话。

提到场面话，很多人的第一反应是：打官腔、假话、空话、废话。抱着这种思想的人，是大错特错的。场面话不是虚伪的敷衍，而是多少年来人们总结出的放之四海而皆准的金玉良言。

场面话究竟有多重要，场面话是否真的能为你打开一个崭新的天地？不妨思考一下，生活中，免不了要与陌生人打交道，那么，怎么才能让人一下子接受你，不踩对方的雷区呢？你需要场面话。在试图说服别人，使人接受意见或者改变观点时，你必须懂得运用场面话。这些时候，并不是高谈阔论或者口吐莲花就能为自己带来好的开端，反倒是通俗、合适的场面话，更能有效地拉近你和他人的距离。

　　本书以"方便、实用"为原则，全方位、多角度地阐述了说好场面话的重要性，教你怎样把场面话说得恰到好处。掌握了书中的这些说话技巧和方法，你就能在任何场合，面对任何人从容不迫、潇洒自如。本书具有很高的实用价值，可谓有效提高说话能力和说话技巧的首选读本。

目 录

乖巧玲珑篇

第一章　人情话是最好的场面话 // 002

说人情话首先要会察言观色 // 002

人情话促成大事情 // 004

日常交往少不了人情话 // 007

真诚才能说好人情话 // 010

感情是"联络"出来的 // 012

第二章　特殊情况下的场面话技巧 // 015

装聋作哑的应对术 // 015

不宜明说的话要含糊其词 // 020

装作没听懂，曲解对方意思 // 022

假装糊涂，巧妙"撒谎" // 023

软硬话都要说 // 026

不满不必总形于言辞 // 027

客气话太多招人烦 // 029

亲疏有度篇

第三章 赞美他人时的场面话 // 032

总有一个赞美他人的理由 // 032

掌握称赞他人的度 // 035

有创意的赞美更让人受用 // 037

赞美要区别不同的对象 // 038

避免由赞语引起的误解 // 040

第四章 批评他人时的场面话 // 043

批评的话最需要巧说 // 043

暗示比直接批评更有效 // 045

用更容易接受的批评方式 // 046

批评要遵守一些基本原则 // 048

要给被批评者解释的机会 // 051

有效批评下属的技巧 // 053

第五章　拒绝他人时的场面话 // 056

用场面话巧拒绝 // 056

拒绝话需点到即止 // 058

教你如何开口拒绝人 // 060

试着用幽默的场面拒绝 // 062

安排好拒绝的主角和配角 // 063

常见的拒绝方法 // 066

用场面话拒绝不必要的应酬 // 068

拒绝需有理有据 // 070

用兜圈子的方法拒绝尴尬问题 // 071

关系处理篇

第六章　初次见面说对场面话 // 074

如何引导初次见面者交谈 // 074

怎样表达才能达到良好的沟通效果 // 080

说场面话要避免冷场 // 082

掌握好说场面话的时机 // 084

场面话也需慎说 // 087

巧借外力说好场面话 // 089

场面话不可说得太夸张 // 091

第七章　与人打交道会说场面话 // 094

说场面话的一些技巧 // 094

尝试不同以往的说话方式 // 098

看准场合多说场面话 // 100

人情世故场面话多多益善 // 104

顺水推舟的场面话 // 106

场面话能缓和尴尬的气氛 // 109

恰如其分地讨好场面话 // 110

充满人情味的场面话 // 112

求人需"厚着脸皮"说场面话 // 114

第八章　朋友之间要巧说场面话 // 117

将场面话说到朋友的心坎里 // 117

用商量的语气向朋友借东西 // 124

有效说服朋友的场面话 // 126

妥善拒绝朋友的场面话 // 128

用场面话回答左右为难的问题 // 131

配合别人的场面话 // 133

职场交锋篇

第九章　与领导接触要懂场面话 // 136

察言观色是上司面前说话的基本功 // 136

不要贸然向上司进言 // 139

不可忽略上司的职称 // 140

在公开场合提意见要把握分寸 // 141

迂回表达反对性意见 // 145

用"自相矛盾"的方法规劝上司 // 147

趁上司心情好时提建议 // 149

第十章　与同事之间的场面话 // 153

如何说话才能打破尴尬局面 // 153

旁敲侧击搬走你的绊脚石 // 155

以商量的口气向同事提意见 // 158

幽默是最得体的场面话 // 163

用场面话委婉地点拨对方 // 165

场面话让你与新同事打成一片 // 168

第十一章　与下属相处少不了场面话 // 171

学会赞美下属 // 171

责备下属要有技巧 // 173

不妨跟下属开开玩笑 // 176

场面话让下属心服口服 // 179

用场面话挽留员工 // 180

乖巧玲珑篇

场面话是一种艺术，更是社会大学里的一门学科。场面话看起来有点虚伪，但现实中必不可少。会说场面话的人绝对是人才，生活中必定也是左右逢源的人，即便是普通百姓，只要场面话说得好，也会给人一种亲切感。

第一章

人情话是最好的场面话

说人情话首先要会察言观色

　　古往今来，无论君子小人，无不爱听好话，有时当事人十分懊恼或不快时，只要旁人说几句得体的人情话，便云开雾散了。一次，解缙与朱元璋在金水河钓鱼，整整一个上午一无所获。朱元璋十分懊丧，便命解缙写诗记之。没钓到鱼已是够扫兴了，这诗怎么写？解缙不愧为才子，稍加思索，立刻信口念道："数尽纶丝入水中，金钩抛去永无踪，凡鱼不敢朝天子，万岁君王只钓龙。"朱元璋一听，龙颜大悦。

　　还有南朝宋文帝在天泉池钓鱼，垂钓半天没有任何收获，心中不免惆怅。王景见状便说："这实在是因为钓鱼人太清廉了，所以钓不着贪图诱饵的鱼。"一句话说得宋文帝拿起空杆高兴地回宫了。

　　相反，唐朝的孟浩然，早年即显示出超人的才华，且名传京师，也很想到政坛上去一展身手。却因为一时不慎，将话说错，而导致一生不第。他与王维友好，王维在内置值班时约孟浩然诵读自己的诗作。不料，诗中有"不才明主弃"一句，惹怒了玄宗。玄宗以为孟浩然是在讽刺他不分贤愚，埋没人才，孟浩然不但没得到什么官做，还惹怒了龙颜。孟浩然是个明白人，他知道这一下仕途更加无望了。"当路谁想假，知音世所稀，只应守寂寞，还掩故园扉。"于是告别友人，离开长安回到故乡过起了隐居生活。此后，孟浩然由儒而道，在山水田园诗作中倾诉痛苦，消磨时光，抒发"且光杯中物，谁论世上名"的感叹去了。坦然地放弃仕途上的功名利禄，而选择寂寞平静，保全了一世美名。

俗话说："出门观天色，进门看脸色。"观天色，可推知阴晴雨雪，携带行具，以免受日晒雨淋。看脸色，便可知其情绪。面部表情的色彩不同，其情绪也不同。学会察言观色，实在是不可忽视的说话办事之道。

《三国演义》中第七十二回诸葛亮智取汉中，曹操收兵于斜谷界口驻扎。操屯兵日久，欲要进兵，又被马超拒守；欲收兵回，又恐被蜀国耻笑，心中犹豫不决。适庖官进鸡汤。操见碗中有鸡肋，因而有感于怀。正沉吟时，夏侯惇入帐，禀请夜间口号。操随口曰："鸡肋！鸡肋！"传令众官，都称"鸡肋"。行军主簿杨修，见传"鸡肋"二字，便教随行军士，各收拾行装，准备归程。有人报知夏侯惇大惊，遂请杨修至帐中问曰："公何收拾行装？"修曰："以今夜号令，便知魏王不日将退兵归也：鸡肋者，食之无肉，弃之可惜。今进不能胜，退恐人笑，在此无益，不如早归；来日魏王必班师矣。故先收拾行装，免得临行慌乱。"夏侯惇道："公真知魏王肺腑也！"遂亦收拾行装。于是寨中诸将，无不准备归计。当夜曹操心乱，不能稳睡，遂手提钢斧，绕寨私行。只见夏侯惇寨内军士，各准备行装，操大惊，急回帐召惇问其故。曰："主簿杨德祖先，知大王欲归之意。"操唤杨修问之，修以鸡肋之意对。操大怒曰："汝怎敢造言乱我军心！"喝刀斧手推出斩之，将首级号令于辕门外。

通观此事，实在不是曹操之过，一方面杨修"恃才放旷"屡屡地触犯曹操之忌，有卖手段和奴高压主之嫌；另一方面，打铁看火色，曹操进退无计，正是有气无处放的时候，杨修出风头要小聪明，到头来，难免聪明反被聪明误了。

杨修因一句话丢了性命，是因为在不恰当的时机，对不合适的人说了不该说的话。在当时曹操犹疑不定、心里烦躁的时候，即使你不能给他出主意，说两句人情话使其少安毋躁才算恰当。

人情话促成大事情

人情话并不都是虚虚飘飘地闲谈，有的人情话并不是两嘴一开一闭就能说出来的，而是需要一种宽阔的胸襟和做大事的气度。所以在某些特定条件下，从某些特殊的人嘴里说出的一席人情话让人觉得有千钧之重。大家对《三国演义》中刘备摔孩子收买人心的一段情节耳熟能详，说的是赵云大战长坂坡，九死一生救出少主刘禅，当他从怀中把仍在熟睡中的刘禅抱给刘备时，刘备接过来，"掷之于地曰：'为汝这孺子，几损我一员大将。'"这句话可说掷地有声，有十个赵云，其耿耿忠心也早被包圆了。果然，赵云"泣拜曰：'云虽肝脑涂地，不能报也。'"

豁不出孩子套不住狼，关键是豁出孩子。这话说起来容易做起来难，因为他要付出很大的牺牲。

春秋战国时，孟尝君派他的门客冯谖去薛地替他收债。临走时冯谖问孟尝君："收完债买些什么回来？"孟尝君说："看我家少什么就买什么吧！"冯谖到了薛地，召集所有向孟尝君借债的人来。核对借据以后，就假传孟尝君的命令，将所应收债钱统统赐给了借债的人，然后将借据全部烧掉了。薛地的百姓都呼"孟尝君万岁"。冯谖很快返回了齐国，孟尝君奇怪他怎么回来得这么快，问道："债都收完了吗？"冯谖说："收完了。"孟尝君又问："买了什么回来？"冯谖说："您说看您家缺少的买，我看你房中藏有大量珍宝，外面犬马很多，美女也无数。只有一件缺乏，那就是义，所以我就私自决定为您买了义回来。"孟尝君不以为然："买义有什么用？"冯谖说："目前您只有薛这一小小的封地，但却不爱护薛地的百姓，只知从那里取利。因此，我假托您的命令把借债都赐给了百姓，烧掉了借据，百姓们都非常感激您，这就是我为您买的'义'。"孟尝君此时不明白怎么回事，心中不大高兴。

一年以后，齐王疑忌孟尝君，就免了他的宰相职位，让他到薛地去。结果薛城的百姓扶老携幼，远远地都来迎接他，这时孟尝君才明白冯谖买"义"的深意。

大同小异，作为领导者，身边没有一两个忠士是不行的。所以，领导者都习惯说一些收买人心的人情话来获得他人的忠诚。

秦穆公就很注意施恩布惠，收买民心。一次，他的一匹千里马驹跑掉了，结果被不知情的穷百姓逮住后杀掉美餐了一顿。官吏得知后，大惊失色，把吃了马肉的300人都抓起来，准备处以极刑，秦穆公听到禀报后却说："君子不能为了牲畜而害人，算了，不要惩罚他们了，放他们走吧。而且，我听说过这么一回事，吃过好马的肉却不喝点，是暴殄天物而不加补偿，对身体大有坏处。这样吧，再赐他们些酒，让他们走。"

过了些年，晋国大兴入侵，秦穆公率军抵抗。这时有300勇士主动请缨，原来正是那群被秦穆公放掉的百姓。这300人为了报恩，奋勇杀敌，不但救了秦穆公，而且还帮助秦穆公捉住了晋惠公，结果大获全胜而归。

看来，领导跟下属办事也要学会收买人心，只有笼络住了下属的心，才能更好地让下属心甘情愿地为自己效力。

当然，有些人情话好像分量并不显得多么重，但因为是在特殊人物的嘴里说出来，尽管轻描淡写，却也能收奇效。

一次，宋太宗在北陪园饮酒，臣子孔守正和王荣侍奉酒宴。二臣喝得酩酊大醉，互相争吵不休，失去了臣下的礼节。内侍奏请太宗将二人抓起来送吏部去治罪，但是太宗却派人送他们回家去了。

第二天，他俩酒醒了，想起昨晚酒后在皇上面前失礼，十分后怕，一齐跪在金殿上向皇帝请罪。宋太宗微微一笑，说："昨晚，朕也喝醉了，记不得有这些事。"

宋太宗托词说自己也醉了，不但没有丢失皇帝的体面，而且使这两个臣子今后也会自知警戒。宋太宗装糊涂，既表现了大度，又收买了人心。

这是一个"洋老板"关心体贴中国雇员的故事：广州一个叫李度的人，应聘进了一家合资饭店。李度的妻子分娩那天，他向洋老板请假半天，老板得知其请假的缘由后，再三表示，不必担心目前工作多人手少的问题，可以多放几天假，回家陪陪太太和儿子。一次，李度的妻子和儿子均生病住院，过度的劳累致使李度在一次工作时间内睡着了，洋老板为此十分生气，叫其卷铺盖回家。而当他得知李度睡觉的原因后，则自责不已："我脾气不好，请您原谅我。"他"命令"李度立刻放下所有的工作回家料理家务，照顾妻儿。3天后，李度来饭店工作时，洋老板送给他一辆漂亮的童车，唯恐其不接受，还撒谎说："这车是朋友送给我的，现转送给您，节假日里，希望您偕妻子一道，用这辆车带孩子出去玩玩，并请接受我这个英国老头子对您全家的良好祝愿。"李度闻之早已泪水盈眶。自此，他与洋老板的关系越处越好，工作中则更是"死心塌地"地干。

大人物也好，小人物也罢，这种让人从心里感动的人情话都应该多说，这样会给自己的人际关系创造一个良好的氛围。

日常交往少不了人情话

日常生活中，有的人说话过于随便，不分场合地口若悬河说个不停，可对有些该说的话却惜语如金。就拿朋友交往来说吧，在一起时间长了，彼此之间常会互相帮忙，完事之后，一句人情话适时递上："张哥，昨天那事你受累啦，咱哥儿俩这关系感谢的话我就不多说了。""大李，孩子这么大了，你还给他买玩具干吗？他喜欢得不得了，可以后你这当叔叔的也别太惯着他，哪天来我家尝尝你嫂子包的荠菜馅饺子。"这时候帮你忙的人感觉到自己的好意被你领受了，心里自也受用。

其实，朋友也好、亲戚也好，帮个忙、送点礼是常有的事，人们做这些事的时候跟求人办事不同，并不是想从你这里得到些什么好处，甚至于因为关系铁会很乐意帮忙，他所要求的也并不是等额的回报。这时候，如果你总认为这是理所当然，没有一句表示的话，人家怎么知道自己的好意是不是已被你接受？要知道，再要好的关系，既然受了别人的施予，就要作出及时、明确地表示，当然，一句恰到好处的人情话也就足够了。

陈溪大学毕业后在北京当公务员，妻子是北京人，结婚的时候他们曾到妻子的叔叔家做客，叔叔婶婶对这个一表人才的侄女婿很是欣赏。叔叔是一家国企的老总，俩人坐到一起很能谈得来，一来二去，夫妻俩去岳父岳母家去得少，反倒是叔叔家去得勤。

可是最近陈溪发现叔叔婶婶的态度有了很大变化，对他们越来越冷淡，有时候他们说要去看二老甚至遭到拒绝，二人百思不得其解。后来还是岳母替他们解开了这个谜团，叔叔家经济条件较好，有别人送的好烟好酒以及单位里发的一些东西常让他们带回家。前段时间陈溪曾提到想调到一个更有前途的部门，也是叔叔通过关系帮他办成的。但是，就妻子这一边来说，可能觉得是自己的叔叔这么亲的关系，就陈溪这边来说，可能觉得这些对他们不过是举手之劳，因此，事前事后始终没说什么人情话。婶婶有意无意地跟岳母提起，叔叔为此很是生气，说他们不懂人情世故，不值得别人帮忙。二人一听连忙上府谢罪，才算挽回一点局面。

在这里，陈溪夫妻就是犯了不重视人情话的错误，想当然地认为自己心里的感激人家一定知道。所谓话不说不明，即使人家知道，天长日久，帮完了忙总也听不到你一句人情话，心里也会疙疙瘩瘩的。

鉴于此，我们在日常生活中就要刻意培养自己多说人情话的好习惯。

第一，使用日常生活中的见面语、感情语、致歉语、告别语、招呼语。早晨见面互问"早晨好"，平时见面互问"您好"。初次见面认识，主方可用"您好"、"很高兴和你认识"，被介绍的一方可用"请多帮助"、"请多指教"。分别时说"再见"、"请再来"、"欢迎您下次再来"。特定情况的告别可用"祝您晚安"、"祝您健康"、"祝您一路顺风"、"实在过意不去"。有求于人说声"请"、"麻烦您"、"劳驾"、"请问"、"请帮助"。对方向您道谢或道歉时要说"别客气"、"不用谢"、"没什么"、"请不要放在心上"。

第二，养成对人用敬语、对己用谦语的习惯。一般称呼对方用"您"、"同志"，对长者用"大爷"、"大妈"、"先生"，不要用"喂"、"老家伙"、"老太婆"、"老头"等。对少年儿童用"小朋友"、"小同志"、"小同学"，不要用"小家伙"、"小东西"等。称呼别人的量词用"位——各位、诸位"，不要用"个"。对自己或自己一方的人可以用"个"。例如：对方问："几位？"自己答："×个人。"

第三，多用商量语气和祈求语气，少用命令语气的语词或无主句。如"您请坐"、"希望您一定来"、"请打开窗户好吗"。"请××同学回答"、"请让开一些"。这样的语词和气、文雅、谦逊，让人乐于接受。

第四，说话要考虑语言环境。即不同场合，不同情况，谈话人的不同身份，谈什么事情，需要用什么语词、语调和语气。因为同一个语词用不同的语调和语气在不同的场合、情况下会产生不同的效果。例如"对不起"这一个语词，因说话人的语调、语气不一样，可以是威胁、讽刺，也可以是表示歉意。又例如商业工作者出于工作和礼貌需要，见矮胖型的女顾客应说"长得丰满"，见瘦长体型的女顾客应说"长得苗条"。其实"丰满"和"苗条"是"肥胖"和"瘦长"的婉转说法，但前者易为别人接受。其次，要考虑不同的对象。在我国，人们相见习惯说"你吃饭了吗"、"你到哪里去"。有些国家不用这些话，甚至习惯上认为这样说不礼貌。因此见了外国人就不适宜问上述话语，可改变为"早安"、"晚安"、"你好"、"身体好吗"、"最近如何"等。

第五，注意说话的空间和时间。谈话人的身份各异，如果是长者、上级、师辈，谈话的距离太近和太远都是失礼的。男女同志之间谈话，距离则不宜太近。说话的时间过长（使人疲倦、厌烦），过多对方不明了意思，中途停顿（意思表达一半就不说了），都是不礼貌的。

总之，要根据时间、地点、对方的身份（年龄、性别、职业等）以及和自己的关系，多说并恰当地选择人情话和礼貌用语。

真诚才能说好人情话

人情话是虚话这不假，但如果你以十二分的真诚去说，以贴心贴肝的关心态度去说，人情话也能透出浓浓的人情味，让人感动不已。

只要你真正关心他人，就会赢得他人的注意、帮助和合作，即使最忙碌的重要人物也不例外，也是在这种条件下，你说话的分量才会越来越大。要做到这一点也许并不难，你只需真诚地说几句关心人的人情话就行了。

你知道谁最得人缘儿吗？也许你在外面行走的时候就会碰见它。当你走到距离它 10 米附近时，它就会向你摇头摆尾，如果当你停下来摸摸它的头，它就会高兴地向你表示亲热。而且它的这些表现绝对没有不良企图：既不会向你兜售房地产，也不会向你奢求什么。大家都应该知道这是谁了吧——一只可爱的狗。

不知你是否想过，狗是不用工作而能谋生的动物。牛得产奶，母鸡得下蛋，但狗却什么也不用做，只是对你表示亲热。它从没读过心理学，凭着其天赋和本能，在很短的时间内，凭借着对人表示诚心诚意的亲热而赢得了许多朋友。可是，如果是一个人，却很难在一两年内，为吸引别人的注意而交到知心朋友。

我们都知道，有些人终其一生地向别人搔首弄姿，目的是引起别人的注意，其结果是徒费力气。因为人们根本不会注意到你，人们注意的只是自己。有人曾做过这样一个有趣的调查，在电话通话中，哪一个字是最常用的。调查结果是"我"字。所以，在人际交往中，你的人情话绝不能放过任何一个"我"。

在塔夫特总统任职期间，罗斯福有一天到白宫访问。恰巧那天总统和夫人外出不在，罗斯福对待下人的真诚便真实地流露出来。他热情地叫着每一个老仆人的名字，和他们打招呼，连厨房里洗碗盘的女仆都不例外。当他见到在厨房里干活儿的艾丽斯时，他问她是不是还在烘烤玉米面包。艾丽斯说她有时会做一些给仆人吃，但楼上的人并不吃。罗斯福就大声说楼上的人真不懂品味，在他见到总统的时候一定要这么告诉他。艾丽斯用盘子盛了一些玉米面包给他，他拿了一片边走边吃，并且一路和工人、园丁打招呼。曾经在白宫做过 40 多年的老仆人爱科·胡佛含着热泪说，这是他两年来唯一感到快乐的日子。

罗斯福有个侍仆叫詹姆士·阿摩斯，他写了一本名叫《仆人眼中的英雄——西奥多·罗斯福》的书，书中讲了这样一件事：他太太因为从没见过鹑鸟，于是有一次向总统先生问起鹑鸟长得什么样子，当时总统先生非常详尽地描述了一番。没过多久，他们农舍里的电话响了，他太太跑去接，原来是总统先生亲自打过来的，他在电话中告诉他太太，如果现在从窗口向外看的话，也许可以看到有只鹑鸟正在树上唱歌。他每次到农舍来，都要和他们聊天，即使看不见他们，也可以听到他喊："安妮！詹姆士！"

哪一个雇工不喜欢这样的老板？哪一个人不喜欢这样的人？

我们常常忘了人与人之间最宝贵的资源，就是朋友关系——生活的框架告诉我们要保护自己，多做可能多错，热心多会受伤。于是我们宁可自扫门前雪，被动一些，甚至对人漠不关心，或者只是说一些无关痛痒的人情话。一个人可以聪明绝顶、能力过人，但若不懂得借由真诚和积极、热心来培养谐约的交际关系，他的成功就得付出事倍功半的代价。就拿说话来说，你的言辞无论多么悦耳动听，但如让别人感觉不到你的真诚，一切都会徒劳。

感情是"联络"出来的

同学关系是非常纯洁的，有可能发展为长久、牢固的友谊。因为在学生时代，人们年轻单纯，热情奔放，对人生、对未来充满浪漫的理想，而这种理想往往是同学们共同追求的目标，曾几何时，彼此在一起热烈地争论和探讨，每个人的内心世界都袒露在别人面前。加之同学之间朝夕相处，彼此间对对方的性格、脾气、爱好、兴趣等能够深入了解。

即使你在学生时期不太引人注目，交往的范围也很有限，你也大可不必受限于昔日的经验，而使想法变得消极。因为，每个人踏入社会后，所接受的磨炼均是百般不同的，绝大多数的人会受到洗礼，而变得相当注意人际关系的重要性。因此，即使与完全陌生的人来往，通常也能相处得好。由于这种缘故，再加上曾经拥有的同学关系，你可以完全重新展开人际关系的营造。换言之，不要拘泥于学生时期的自己，而要以目前的身份来展开交往。

谁没有几位昔日的同窗？说不定你的音容笑貌还存留在他们的记忆中。千万不要把这种宝贵的人际关系资源白白浪费掉。从现在开始，你就要努力地去开发、建设和使用这种关系。

同学关系有时的确能在关键的时刻帮上自己一个大忙。但是值得注意的是，平时一定要注意和同学培养、联络感情，人情话该说的时候要递上，只有平时经常联络，同学之情才不至于疏远，同学才会心甘情愿地帮助你。如果你与同学分开之后，从来没有联络过，你去托他办事时，一些比较重要的关乎他的利益的事情，他就不会帮你。

与同学保持联系的方式和机会有很多。

1. 祝贺有喜事的同学

有空给远在异地的同学们打打电话，发个电子邮件，询问一下对方近来的工作、学习情况，介绍一下自己的情况，相互交流一下，这是很有必要的，这点时间绝对不能节省。碰上同学的人生大事，如果有空最好亲自参加，如果实在脱不开身，也应该有所表示，否则，就会失去一个联络感情的绝好契机。

对方有困难的时候，更应加强联系，许多人总喜欢向同学汇报自己的喜事，而对一些困难却不好意思开口，应该去掉这些顾虑。

2. 安慰陷入困境的同学

当听到同学家有人生病或遇上不幸的事时，应该马上想办法去看看。平日尽管因为工作忙、学习重没有很多时间来往，但朋友有困难鼎力相助或打声招呼，才显示出你们之间的深厚情谊来。"患难朋友才是真朋友"，关键时刻拉人一把，别人会铭记在心。

3. 积极参加同学会

现代社会里，人们都已经充分认识到同学之间交往的重要性，为了大家经常保持联络、加深合作，在一些或大或小的城市里，"同学会"已成为一种时髦，这是一种十分有效的方法。一年一小会，五年一中会，十年一大会，关系愈聚愈坚，愈聚愈紧，彼此互相照应，"一方有难，八方支援"，这真是中国所特有的人际关系，它说明了同学关系已跃入了一个更高的层次，不受时间所限，不受空间所限，只要有"聚"，那份关系，那份情，将取之不尽，用之不竭。

第二章

特殊情况下的场面话技巧

装聋作哑的应对术

在人际交往中,为了利益,为了生存,有时不妨运用"秀才遇到兵,有理说不清"的"老粗"策略。故意使用对方无法理解的语言,同时也故意装做听不懂对方的语言,让对方在与你沟通时产生挫败感,并激起他的火气。他若发火,则你已立于不败之地,因为发脾气给人的感觉总是理亏,如果他不发作而隐忍,也必定会打乱他的思维,不知不觉地已处于劣势。故意装傻充愣,误解他的意思,扭曲他的意思,他说他的阳关道,你说你的独木桥,这样来往几回合,他会认为你不可理喻,放弃与你交手。

某公司有一个女孩子,平日只是默默工作,并不多话,和人聊天儿,总是面带微笑。有一年,公司里来了一个好斗的女孩子,很多同事在她主动发起攻击之下,不是辞职就是请调。最后,矛头终于指向了这个女孩。某日,这位好斗的女孩子抓到了那位一贯沉默的女孩子的把柄,立刻点燃火药,噼里啪啦一阵,谁知那位女孩只是默默笑着,一句话也没说，只偶然问一句"啊"，最后，好斗的那个主动鸣金收兵，但也已气得满脸通红，一句话也说不出来。过了半年，这位好斗的女孩子也自请他调。

你一定会说，那个沉默的女孩子的"修养"实在太好了，其实事实不是这样，而是那位女孩子听力不大好，理解别人的话不至有困难，但总是要慢半拍，而当她仔细聆听你的话语并思索你话语的意思时，脸上又会出现"无辜"、"茫然"的表情。你对她发作那么久，那么卖力，她回以却是这种表情和"啊"的不解声，难怪要斗不下去，只好鸣金收兵了。

这个故事说明了一个事实：装聋作哑的力量是巨大的，面对"沉默"，所有的语言力量都消失了！

只要有人的地方，就会有斗争。这不是新鲜事，在人性丛林里本来就弱肉强食，和平相处才是怪事，因此你要有面对不怀善意的力量的心理准备；你可以不去攻击对方，但保护自己的"防护网"一定要有，聪明人的举动是：不如装聋作哑！

聋哑之人是不会和人起争斗的，因为他听不到、说不出，别人也不会找这种人斗，因为斗了也是白斗。不过大部分人都不聋又不哑，一听到不顺耳的话就会回嘴，其实一回嘴就中了对方的计，不回嘴，他自然就觉得无趣了；他如果还一再挑衅，只会凸显他的好斗与无理取闹罢了，因此面对你的沉默，这种人多半会在几句话之后就仓皇地"且骂且退"，离开现场，如果你还装出一副听不懂的样子，并且发出"啊"的声音，那么更能让对方"败走"。

不过，要"作哑"不难，要"装聋"才是不易，因此也要培养对他人言语"入耳而不入心"的功夫，否则心中一起波澜，要不起来回他一两句是很难的。

学习装聋作哑，除了以不战而胜之外，也可避免自己成为别人的目标，而习惯装聋作哑，也可避免自己去找人麻烦，有时还可以变不利为有利，好处甚是不少。

在一列列车上，一位身着便服的侦查员走进厕所。冷不防，一个艳装妙龄女郎一闪身也挤进了厕所，反手将门关上："先生，把你的手表和钱包给我。否则，我就喊你侮辱我！"

一切来得这么突然。侦查员深知，在厕所里没有其他人，辩解是毫无作用的了。稍一迟缓，这个女郎立即会使自己身败名裂的。陷入困境的侦查员临机应变，突然张着嘴巴，不停地"啊，啊"，装成一个十足的哑巴，表示不懂女郎说些什么。

女郎为难了，赶忙打手势。侦查员仍然窘急地"啊啊"着。女郎失望了，真倒霉，偏偏碰上了个哑巴！她正想转身离去。此刻，"哑巴"一把抓住女郎，抽出钢笔递给她，打手势请她将刚才说的话写在手上。女郎不禁转忧为喜，接过钢笔就在侦查员的手上写道："把你的手表和钱给我。不给，我就喊你侮辱我！"侦查员翻转手掌，抓住女郎说话了："我是便衣警察，你犯了抢劫罪，这就是铁的证据！"

女郎目瞪口呆……

这位便衣警察就是装聋作哑，靠机智和勇敢战胜了犯罪分子。

在人际交往中，有许多场合都可以使用"装聋作哑"的办法，躲开别人说话的锋芒，然后避实就虚、猛然出击。其技巧关键在于躲闪避让的机智，虽是"装作"，正如实施"苦肉计"一样，却一定要表演得自然。

"装作不知道",就是指对别人的话装作没有听到或没有听清楚,以便避实就虚、猛然出击的方式。它的特点是:说辩的锋芒主要不在于传递何种信息,而是通过打击、转移对方的说辩兴致使之无法继续设置窘迫局面,化干戈为玉帛,能够寓辩于无形,不战而屈人之兵。

在人际交往中,这种方式的使用场合很多。

1. 可用于挽回"失语"所造成的尴尬局面

"马有失蹄,人有失言",偶尔失语在语言交际中难免发生,但失语往往是许多矛盾发生和激化的根源。因此,挽回失语,在语言交际中是很有必要的。

例如:实习期间,一位实习生在黑板上刚写了几个字,学生中突然有人叫起来:"老师的字比我们李老师的字好看!"

真是语惊四座,稚嫩的学生哪能想到:此时后座的班主任李老师是怎样的尴尬!对这位实习生来说,初上岗位,就碰到这般让人难堪的场面,的确使人头疼,以后怎样同这位班主任共度实习关呢?转过身来谦虚几句,行吗?不行!这位实习生灵机一动,装作没有听到,继续写了几个字,头也不回地说:"不安安静静地看课文,是谁在下边大声喧哗!"

此语一出,使后座的李老师紧张尴尬的神情顿时轻松多了,尴尬的局面也随之消失。

这里就是巧妙地运用装作不知道,避实就虚,即避开"称赞"这一实体,装作没有听清楚,而攻击"喧闹"这一虚像。既巧妙地告诉那位班主任"我"根本没有听到;又打击了那位学生的称赞兴致,避免了他误认为老师没有听见的可能,再称赞几句从而再次造成尴尬的局面。

2. 处理、制止别人的中伤、调侃

朋友之间虽然很要好，有时也会因开玩笑过头，而大动肝火，伤了和气。对于这种情况，不妨巧妙地运用"装作不知道"，给他一个丈二和尚摸不着头脑的怪问。

吴军因身体肥胖，同班的李明、张峰"触景生情"，"冬瓜"长"冬瓜"短地做起买卖来，并时不时地拿眼瞅吴军，扮鬼脸。面对拿别人的生理"缺陷"来开过火的玩笑，实在让吴军气愤。欲要制止，这是不打自招；如不管他，却又按捺不住心中的怒火。怎么办呢？

此时吴军稳了稳躁动的情绪，缓缓地走过去，拍着二人的肩膀，轻言细语地问："李明，听说你有 1.8 米高，恐怕没有吧。"接着又对张峰道："你今天早上吃饭没有？"

听到这般温柔怪诞的问话，兴奋中的二人愣在那儿，大眼望小眼，如堕五里雾中。全班同学沉寂了几秒钟，随即迸发出哄堂大笑，二人方明白被愚弄了，刚才有声有色的"买卖"，再也没有兴致继续下去了。

3. 制止别人的挖苦、讽刺

挖苦、讽刺，都是一种用尖酸刻薄的语言，辛辣有力地去贬损、揶揄对方的行为，极易激怒对方。为避免大动肝火，两败俱伤，也可巧妙地运用装作没听明白的方式见机行事。

4. 补救说话中的错漏、失误

进行即兴演讲，有时会出现这样的情况：演讲者自己也不知为什么，竟说出一句错话，而且马上就意识到了。怎么办呢？倘若遇上这种失误，演讲者不妨装作不知道，然后采用调整语意、改换语气等续接方式予以补救。只要反应敏捷，应变及时，就可以收到不露痕迹的纠错效果。例如，一位公司经理在开业庆典上发表即兴演讲，他这样强调纪律的重要性：公司是统一的整体，它有严格的规章制度，这是铁的纪律，每一个员工都必须自觉遵守。上班迟到、早退、闲聊、乱逛、办事推诿、拖沓、消极、懈怠，都是违反纪律的行为。我们允许这些现象的存在——就等于允许有人拆公司的台，我们能够这样做吗？

这位经理的反应力和应变力是很强的。当他意识到自己把本来想说的"我们决不允许这些现象的存在"一句话中"决不"二字漏掉之后，佯作不知，马上循着语言表达的逻辑思路，续补了一句揭示其后果的话，同时用一个反问句结束，增强了演讲的启发性和警示力。这样的续接补救，真可谓顺理成章，天衣无缝。

不宜明说的话要含糊其词

在交际场合中，有些话不宜明说，此时，避而不答又是一种不尊重，那么，只有含糊其词，让人摸不准意思，也抓不住把柄。

有一则有趣的寓言可谓典范。

狮王想找个借口，欲吃掉他的3个大臣。于是，它张开大口，叫熊来闻闻它嘴巴里是什么气味。熊老实巴交，据实回答：

"大王，您嘴巴里的气味很难闻，又腥又臭的。"

狮子大怒，说熊侮辱了作为百兽之王的它，罪该万死！于是便猛扑过去，一口把熊咬死并吃掉了。

接着，它又叫猴子来闻，猴子看到了熊的下场，便极力讨好狮子，它说：

"啊！大王，您嘴巴里的气味既像甘醇的酒香，又似上等的香水一样好闻。"

狮子又是大怒，它说猴子太不老实，是个马屁精，一定是国家的祸害。于是又扑过去，把猴子给吞了。

最后，狮子问兔子闻到了什么味。

兔子答道：

"大王，非常抱歉！我最近伤风，鼻子塞住了。现在什么味道也闻不到。大王您如果能让我回家休息几天，等我伤风好了，一定会为您效劳。"

狮子没找到借口，只好放兔子回家，兔子趁机逃之夭夭，保住了小命。

在这种场合中，兔子的回答是机智的，因为此时既不能对狮子嘴巴中的臭气进行肯定，也不能否定，只是含糊其词，用"伤风"来搪塞。

其实，这则寓言中的立足点，还是来自我们的生活。日常生活中，有些话不必说得太死、太具体，反而能更好地达到目的。

顾维钧曾担任驻美公使。有一次，他参加了一个国际舞会，与他一起跳舞的美国小姐突然问他："请问你是喜欢中国小姐呢还是美国小姐？"

这问题很不好答，若说喜欢中国小姐，势必得罪了舞伴。如果说喜欢美国小姐，又会有失中国公使的尊严。

顾维钧灵机一动，回答说："不论中国小姐或美国小姐，只要喜欢我的人，我都喜欢她。"

模糊语言其实大量存在于我们的日常生活之中，比如我们常说的"等一会儿"、"大约在元旦前后"、"有空一定来"，等等，这样就避免了把话说死，留下很大的回旋空间。在外交上，使用模糊语言的机会更多。如"我们对×人的事态表示关注"、"我们注意到了××的言论"，等等，工作中也常用模糊语言，比如常听到的"最近"、"多数同志"、"基本满意"，等等。这样一来，说话便具有很大的弹性，有时能帮你摆脱困境。

装作没听懂，曲解对方意思

在交际场合，学会适当地装糊涂，会收到意想不到的效果。在他人面前作出一个不明白的假象，用以迷惑对方，其实心如明镜，假装没有发现对方的本意，故意把它理解错，用于讽刺对方，给自己找台阶下。

一次，一位男士请一位女士跳舞，那位小姐傲慢地说："我不能和一个小孩子一起跳舞。"这位先生灵机一动，微笑着说："对不起，亲爱的小姐，我不知你正怀着孩子。"说完他很有礼貌地鞠躬后离开了她。那位高傲的小姐在众目睽睽之下，无言以对，满脸绯红。

这位先生遭到那位高傲小姐的拒绝，在交际场合是一件非常难堪的事情，可是他却十分聪明，假装不明白小姐说话的内涵，以为她有了孩子，还表示对她十分尊重，这是一个多么大的讽刺！它不仅使那位小姐丢了面子，而且保住了自己的尊严，如果这位先生直接与那位小姐辩理或争吵，不仅不能挽回面子，还会有失他的风度。

在日常交往中，"装糊涂"是一个高明的交际方式，一个人不可处处锋芒太露，这样很容易引起别人的嫉恨，与你树敌的人会越来越多，使你的工作、事业无法顺利地进行下去。人都愿意与单纯的人交往，过于聪明、机灵的人，人们会加以防范、提高警惕，和你交往时就特别小心、谨慎，害怕被欺骗、被愚弄，如果你装出一副什么都不懂、傻乎乎的样子，虽然精明，却大智若愚，给人以糊涂的假象，人们对你就放松了警惕，在与对手的交往中，对手由于不知道其中的真相，往往被愚弄。由此，你便轻松地战胜了对手。

有时最高的智慧在于显得一无所知。不必真是白痴，看起来像就可以了。你懂得装蠢，你就并不蠢了。这种技巧其实不难：把你的聪明放在"愚蠢"下面，跟没有任何智力一样就行了。

在谈判交战中，表面装糊涂，暗中筹划，蓄势待发，伺机令对方让步或诱使对方上当，是很有效的厚黑招法。

假装糊涂，巧妙"撒谎"

在日常生活中，聪明人在适当的时候应该粉饰真诚，说假话，撒点谎。在交际场合装装糊涂，有时也能避免尴尬，解除窘境。有这么多好处，何乐而不为呢？

我们应该以诚待人，应该说真话，这是没有疑问的，但有时也有必要说点"假话"。这一点人们也多少有了一些认识。不过，通常人们都是认为只在某些很特别的情况下才需要不说真话，不道实情。其实，在一般的交际活动中，常有说假话产生好的效果的时候，而且"说谎"的方式也是多种多样的，不必只拘泥于所谓的"真诚"而简单地说这是骗人。再说，就算是骗人，只要能产生良好的效果，对聪明人来说，这又算得了什么呢？

能产生良好交际效果的谎言有时是以装糊涂的形式出现的。这种装糊涂的言辞有时能避免或解除尴尬。在同一场合，会带来相反的效果。

在某个时候说点谎话，能使双方达到某种"共识"，从而进一步交流。

一天小曹和朋友去拜访一位教授，那个教授为人严肃，平时不苟言笑。坐了半天，除了开头说了几句应酬话，剩下的只是让人尴尬的沉默。

忽然，小曹的朋友看到教授家养的热带鱼，其中几条色彩斑斓，游起来让人眼花缭乱。小曹知道这鱼的名称和产地，因为他自己也养了几条，还很得意地为他的这位朋友介绍过。见他目不转睛地看，小曹心里纳闷：他又不是没见过，怎么这样呀？教授见朋友神情专注，就笑着问："还可以吧？才买的，见过吗？"小曹刚想开口："见过，我家也养着几条呢！"朋友却抢先说："还真没见过。叫什么名字？明儿我也打算养几条！"我不解地看看朋友，心想装什么糊涂，不是上星期才到我家看过吗？

教授一听，来了兴致，神采飞扬，大谈了一通养鱼经，朋友听得频频点头。那位教授像是遇到了知音，说说笑笑，如数家珍地给他讲每条鱼的来历、名称、特征，又拉着他到书房看他收集的各类名贵热带鱼的照片，气氛顿时活跃起来。他们本来打算坐坐就走，不料教授一再挽留，直到晚饭后才放他们走，临走时硬塞给小曹的朋友几尾小鱼，一直把他们从七楼送到楼下。

一句假装糊涂的谎话使教授前后判若两人，本来几乎陷入僵局的交谈又顺利地进行下去了，这都归功于小曹的朋友的一句谎话。若据实相告，那很可能就会继续"尴尬"下去了。

一个男大学生爱上了一个女大学生，对女大学生说过一番这样的话："我离不开您，您是温暖着我的太阳，您是照耀着我的月亮，您是为我指引方向的北斗星，您是为我呼唤早晨的启明星。"

女大学生聪明，早已听出这一番表白爱情的极热烈的话，但自己并不喜欢面前的小伙子，怎么办？如果断然说"我不喜欢你"，岂不是会使对方陷入尴尬？不置可否，岂不是对对方不负责任？

于是，她就假装糊涂地说了一句："真美！您对天文学太有研究了，可我，真对不起，我对天文学一点也不感兴趣！"

用假装糊涂的方式说谎话要说得漂亮、有风采，并非易事。为了创造出良好的效果，说谎，就得假装糊涂，越是装得像，效果越是好。同时还要把谎话说得轻快自信，不容置疑，这样才能以假胜真，巧中取胜。

软硬话都要说

有些情况下要想顺利解决问题，只说软话不行，只说硬话也不行，这得软硬兼施，让人既心动又有所畏惧，问题就迎刃而解了。

老陈从湖南山里出差到武汉，有位年轻同事正准备结婚，想买一台高档进口彩电，便托老陈帮忙带回一台大屏幕彩电。

到武汉后，老陈听说汉正街的货物美价廉，尤其是小孩子的衣服比商场便宜许多。便想先去逛逛汉正街，给小孙子买几件衣服，再到商场替同事看电视机。

到了汉正街，老陈发现果然名不虚传。终于替小孙子选了几套衣服。付完钱老陈正准备走，忽然发现钱包不翼而飞了。这下老陈可着急了，包里有同事的几千元钱！明明刚才付款时才拿出来的，怎么可能一下子就不见了？刚才旁边也没什么人，只有卖衣服的姑娘和自己两人。老陈思考，十有八九是卖衣服的姑娘随手把钱包塞进了衣服堆里。

老陈问姑娘："小同志，看见我的钱包没有？"

姑娘一听，翻了脸："啊？你是说我拿了？那你去叫警察呀！"

老陈一听，姑娘的口气不对，自己并没有说她拿了，只是询问一下，她这不是"此地无银三百两"吗？

老陈明白，自己只有一个人，一旦离开小摊，赃物转移，那就再没希望了。如果和她来"硬"的，只会把关系弄僵。于是，他决定来"软"的，他笑了笑说："我也没说是你拿了，是不是忙中出错，混到衣服堆里去了。"这话很有分寸，给姑娘下台准备了台阶。

这时来人买东西，打断了说话。他摆出了"持久战"的架势，盯着货摊。姑娘显得有些心神不安。

等货摊又只剩下他俩时，他压低声音悄悄地说："姑娘，我一下子照顾了你五六十元的生意，你怎么能这样对待我呢？我看你年纪轻轻的，在这个热闹街道摆摊，一个月收入几百上千，信誉要紧哪！"这话有恳求、有开导，还有暗示，说得姑娘低下了头，显然在进行思想斗争。

他继续道："这钱是小青年托我带结婚用的东西。要是丢了，我一个工薪阶层，哪里赔得起呀？我这一大把年纪了，还出这种事，叫我怎么有脸回去见人哪！姑娘，你就替我仔细找找吧。"

姑娘终于经不住他的恳求，说："我给你找找看。"

他说："我知道你会帮助我的。"

果然，姑娘就坡下驴，翻了一阵子，在衣服堆里"找"出了钱包，羞答答地还给了他。

软硬兼施是口才艺术中颠扑不破的真理。上述案例中，老陈一看"硬"的不行，马上改变战术，以软求胜。一言可以兴邦，一言可以丧国，老陈柔言慢语，不但使钱失而复得，而且挽救了一个几乎沦为小偷的女青年。

不满不必总形于言辞

在日常生活中，在单位上下级关系间、同事间，感到自己受到了不公平待遇时，许多不够聪明的老实人，就立刻表现出不满、愤怒的情绪，甚至会暴跳如雷，大骂一通，而这些行为，只是简单发泄了一下自己激动的情绪，于对方却无丝毫的影响，反而白白耗费了力气，还可能会引来别人的误会，让自己受到更深的伤害。

刘宁是一家公司的行政助理，同事们都把她当成公司的"管家"，公司里事无巨细，都要找她才行，这样一来，刘宁每天事务繁杂，忙得团团转，牢骚和抱怨也就成了家常便饭。

这天一大早，又听她抱怨"烦死了，烦死了"！一位同事皱皱眉头，不高兴地嘀咕着："本来心情好好的，被你一吵也烦了。"

其实，刘宁性格开朗外向，工作起来认真负责。虽说牢骚满腹，该做的事情，一点儿也不曾怠慢。设备维护，办公用品购买，交通费，买机票，订客房……刘宁整天忙得晕头转向，恨不得长出8只手来，再加上为人热情，中午懒得下楼吃饭的人还请她帮忙叫外卖。

刚交完电话费，财务部的小李来领胶水，刘宁不高兴地说："昨天不是刚来过吗？怎么就你事情多，今儿这个、明儿那个的？"抽屉开得噼里啪啦，翻出一个胶棒，往桌子上一扔："以后东西一起领！"小李有些尴尬，又不好说什么，忙赔笑脸："你看你，每次找人家报销都叫亲爱的，一有点事求你，脸马上就长了。"

大家正笑着呢，销售部的王娜风风火火地冲进来，原来复印机卡纸了。刘宁脸上立刻晴转多云，不耐烦地挥挥手："知道了。烦死了！和你说100遍了，先填保修单。"单子一甩："填一下，我去看看。"刘宁边往外走边嘟囔："综合部的人都死光了，什么事情都找我！"对桌的小张气坏了："这叫什么话啊？我招你惹你了？"

态度虽然不好，可整个公司的正常运转真是离不开刘宁。虽然有时候被她抢白得下不来台，也没有人说什么。怎么说呢？她不是应该做的都尽心尽力地做好了吗？可是，那些"讨厌"、"烦死了"、"不是说过了吗"……实在是让人不舒服。特别是同办公室的人，刘宁一叫，他们头都大了。"拜托，你不知道什么叫情绪污染吗？"这是大家的一致反应。

年末的时候公司民意选举先进工作者，大家虽然都觉得这种活动老套可笑，暗地里却都希望自己能榜上有名。奖金倒是小事，谁不希望自己的工作得到肯定呢？领导们认为先进非刘宁莫属，可一看投票结果，50多份选票，刘宁只得12张。

有人私下说："刘宁是不错，就是嘴巴太厉害了。"

刘宁很委屈："我累死累活的，却没有人体谅……"

什么叫费力不讨好？像刘宁这样，工作都替别人做到家了，嘴上为逞一时之快，抱怨上几句，结果前功尽弃。冷语伤人，说者无心，听者有意。所以，既然做了，就心甘情愿些吧，抱怨是无济于事的，相反，还会埋没你的功劳。

客气话太多招人烦

客气是一面双刃剑，一方面能让不熟悉和不那么亲近的人感受到你的礼节和敬意，另一方面如果熟人客气，那就会拉大你们之间的距离。因此过度客气是熟人间的大忌。

假如你到一个朋友家里拜访，你的朋友对你异常客气，你每说一句话，他只有"是是"而答，唯恐你不高兴。如此一来，你一定觉得芒刺在背，坐立不安，最终逃之夭夭。

过度的客气显然是令人痛苦的，己所不欲，勿施于人，请大家谨记这句至理名言。

谈话的目的在于沟通双方的情感，在于增加双方的兴趣，而客气话则恰恰是横挡在双方中间的墙，如果不把这堵墙搬走，人们只能隔着墙作极简单的敷衍酬答。

朋友初次见面略谈客套话后，第二、第三次的见面就应竭力少用那些"阁下"、"府上"等名词，如果一直用下去，则真挚的友谊是无法建立的。客气话的堆砌必致损害融洽的气氛。

客气话是表示你的恭敬或感激，不是用来敷衍朋友的，所以要适可而止。多用就流于迂腐，流于浮滑，流于虚伪。有人替你做一点小小的事情，譬如说，递过一杯茶吧，你说"谢谢"也就够了。要是在特殊的情形下，那么最多说"对不起，这事情要麻烦你"也就很够了。但是有些人却要说"呵，谢谢你，真对不起，我不该用这些小事情麻烦你，真使我觉得难过，实在太感激了"等一大串，你在旁边看见也会觉得不舒服的，可是你自己不也有这样的毛病吗？

说客气话的时候要充满真诚，像背熟了的成语似的流水般泻出来的客气语，显然是在敷衍、应酬，容易使人产生不快。

亲疏有度篇

为人处世,要会说感谢话、问候话、关心话,以及其他一些好听的"场面话",它不像书面语那般严谨,拘泥于形式。但绝对要比书本上的照本宣科轻松,而且光鲜亮丽冠冕堂皇。场面话的学问深奥复杂,尺度拿捏非常重要。

第三章

赞美他人时的场面话

总有一个赞美他人的理由

我们常会碰到一些难缠的人，讲道理他不听，软说强求都无效，而且有时他还对你抱有一种固执的敌意，你会说，对这样的人有一份同他对话的耐心就不错了，难道也要去赞美不成？

千真万确。因为此时此刻，恰恰只有赞美才能解开这个死结。

费城华克公司的高先生和我们一样是个普通人。

华克公司承包了一幢办公大厦的建筑工程，它必须在合同规定的日期内完工。开始一切顺利，眼看工程就要完工了，突然，负责供应楼内装饰材料的供应商声称，他不能按期交货了。这样，整个工程都将受到影响，不能按期交工，麻烦可大了，将受到巨额的罚款，这么重大的损失只因为一个人。

电话，争吵，讨论都没用。于是高先生去了纽约，去找这个供应商。高先生径直走进那家公司董事长的办公室，但是高先生并没有责备对方，而是从赞扬开始，他说对方的姓在这个地区是独一无二的。这让这位董事长很意外。

他足足用了很长的时间谈论他的家族及祖先。等他说完了，高先生又恭维他一个人支撑了那么大一个公司，并且比其他同类公司生产的铜制品都好。于是董事长坚持要请高先生吃饭。在吃饭的过程中高先生又说了一些其他的事情，始终没说来访的目的。

午饭后，还是这位董事长主动提到了实质问题，由于高先生给他带去了很多的快乐，董事长答应将按合同交付产品。

高先生甚至没有要求，就达到了目的。那些材料准时送到，他们也按期交工。在这种情况下，如果高先生也用大多数人的方法，去争论、冲动，结果又会怎样呢？结果肯定不会如此完美。

从赞扬和欣赏开始更容易说服他人。做鱼有腥味，可以加料酒去腥，肉骨头炖不烂，可以滴几点醋。这些都是一物降一物的道理。在追求成功的道路上，善用这个道理的人，事半功倍，不善用这个道理的人，吃力不讨好。

我们再来看看亚当森是怎样通过赞美达到化解敌意的目的的。

美国著名的柯达公司创始人伊斯曼，捐出巨款在罗彻斯特建造一座音乐堂、一座纪念馆和一座戏院。为了承接这批建筑物内的座椅，许多制造商展开了激烈的竞争。

但是，找伊斯曼谈生意的商人无不乘兴而来，败兴而归，一无所获。

正是在这样的情况下，"优美座位公司"的经理亚当森，前来会见伊斯曼，希望能够得到这笔价值9万美元的生意。

伊斯曼的秘书在引见亚当森前，就对亚当森税："我知道您急于想得到这批订货，但我现在可以告诉您，如果您占用了伊斯曼先生5分钟以上的时间，您就完了。他是一个很严厉的大忙人，所以您进去后要快快地讲。"

亚当森微笑着点头称是。

亚当森被引进伊斯曼的办公室后，看见伊斯曼正埋头于桌上的一堆文件，于是静静地站在那里仔细地打量起这间办公室来。

过一会儿，伊斯曼抬起头来，发现了亚当森，便问道："先生有何见教？"

秘书把亚当森作了简单的介绍后，便退了出去。这时，亚当森没有谈生意，而是说："伊斯曼先生，在我们等您的时候，我仔细地观察了您这间办公室。我本人长期从事室内的木工装修，但从来没见过装修得这么精致的办公室。"

伊斯曼回答说："哎呀！您提醒了我差不多忘记了的事情。这间办公室是我亲自设计的，当初刚建好的时候，我喜欢极了。但是后来一忙，一连几个星期我都没有机会仔细欣赏一下这个房间。"

亚当森走到墙边，用手在木板上一擦，说："我想这是英国橡木，是不是？意大利的橡木质地不是这样的。"

"是的，"伊斯曼高兴地站起身来回答说："那是从英国进口的橡木，是我的一位专门研究室内橡木的朋友专程去英国为我订的货。"

伊斯曼心情极好，便带着亚当森仔细地参观起办公室来了。

他把办公室内所有的装饰一件件向亚当森作介绍，从木质谈到比例，又从比例谈到颜色，从手艺谈到价格，然后又详细地介绍了他设计的经过。

此时，亚当森微笑着聆听，饶有兴致。

亚当森看到伊斯曼谈兴正浓,便好奇地询问起他的经历。伊斯曼便向他讲述了自己苦难的青少年时代的生活,母子俩如何在贫困中挣扎的情景,自己发明柯达相机的经过,以及自己打算为社会所做的巨额的捐赠……

亚当森由衷地赞扬他的功德心。

本来秘书警告过亚当森,谈话不要超过5分钟。结果,亚当森和伊斯曼谈了一个小时,又一个小时,一直谈到中午。

最后伊斯曼对亚当森说:"上次我在日本买了几张椅子,放在我家的走廊里,由于日晒,都脱了漆。昨天我上街买了油漆,打算由我自己把它们重新油好。您有兴趣看看我的油漆表演吗?好了,到我家里和我一起吃午饭,再看看我的手艺。"

午饭以后,伊斯曼便动手,把椅子一一漆好,并深感自豪。

直到亚当森告别的时候,两人都未谈及生意。

最后,亚当森不但得到了大批的订单,而且和伊斯曼结下了终生的友谊。

掌握称赞他人的度

把握称赞的要诀,就需要掌握称赞的度,绝不可夸大其词,只有这样才能赢得别人的信任和好感。

美国前国务卿基辛格是个擅长称赞的外交谈判高手,他说:"你必须十分敏锐，因为大部分国家领导人都是非常敏锐的，他们不容易被人操纵，却能操纵别人。你得运用你的智慧，去对付一个高智慧的人，还要使他马上感到你的诚意和认真，最后，必须增加他的信心。"因此，在基辛格眼里，所谓称赞是使别人相信他能解决问题的一种方法。

当我们想邀女性约会时，可以适当地恭维她："小姐，你的身段很美，公司有很多女职员但我认为你的工作能力比她们都强，如果我能跟你这样漂亮、能干的小姐做朋友，真是我无上的荣幸！"也许当时并没有征得她的同意，但有一点可以肯定，这位小姐的内心里肯定洋溢着喜悦之情，并且会拥有一天的好心情，如果再适当地努力几次，肯定会成功。

恭维也可用间接的方式进行，比如某职工到公司对他的一位同事说："我听×××说，你这个人人缘儿好，爱交际，别人都喜欢你，我们做个朋友吧。"这种方式往往效果很好。

俗话说：对症下药，量体裁衣。恭维也要"因人而异"，对于商业人员，如果说他学问好，品德高，博闻强识，清廉高洁，他不一定高兴，而如果说他才能出众，手腕灵活，现在满面红光、印堂发亮，发财在即，他一定会很高兴。对于政府官员，恭维他生财有道，定发大财，他可能会恨你一辈子，这时应该说他为国为民，淡泊名利，清廉公正。对于教授、教师，说他为人师表，学问渊博，思想深远，妙笔生花，他听了肯定高兴。做什么职业，说什么恭维话，有道是"上山打柴，过河脱鞋"，不要弄得"牛头不对马嘴"，免得好意恭维人家一番，人家还觉得这是"乱弹琴"。

有创意的赞美更让人受用

　　陈词滥调或者不着边际的赞美只会惹人生厌，赞美的直接目的是让对方高兴，如果你不低估人家的智力的话，赞美的话也得有新意才成。

　　一本书中说到，一位将军听到别人称赞他美丽的胡须便大为高兴，但对于有关他作战方式的赞誉却不放在心上，这种心理是每个人都有的。大概不少人赞美过这位将军的英勇善战及富于谋略的军事才干，但是他作为一个军人，不论在这方面怎样赞美他，也只是赞歌中的同一支曲子，不会使他产生自豪感。然而，如果你对他军事才能以外的地方加以赞赏，等于在赞词中增加了新的条目，他便会感到无比的满足。可见，在恭维他人时，捧出新鲜的意味来是多么的重要。

　　大学问家钱钟书先生的称赞也像他的《围城》一样充满智慧的创意，给人以新鲜而受用的感觉。

　　有一年冬天他访问日本，在早稻田大学文学教授座谈会上即席作了《诗可以怨》的演讲。开场白是：到日本来讲学，是很大胆的举动，就算一个中国学者来讲他的本国学问，他虽然不必通身是胆，也得有斗大的胆。理由很明白简单。日本对中国文化各方面的卓越研究，是世界公认的；通晓日语的中国学者也满心钦佩和虚心采用你们的成果，我知道要讲一些值得向各位请教的新鲜东西，实在不是易事。我是日语的文盲，面对着贵国汉学的丰富宝库，就像一个既不懂号码锁又没有开撬工具的穷光棍，瞧着大保险箱，只好眼睁睁地发愣。但是，盲目无知往往是勇气的源泉。意大利有一句嘲笑人的惯语，说："他发明了雨伞。"

据说有那么一个穷乡僻壤的土包子，一天在路上走，忽然下起小雨来了，他凑巧拿着一根棒和一方布，人急智生，把棒撑了布，遮住头顶，居然到家没有淋得像落汤鸡。他自我欣赏之余，也觉得对人类作出了贡献，应该公之于世。他风闻城里有一个发明品专利局，就兴冲冲地拿棍带布，赶进城去，到那局里报告和表演他的新发明。局里的职员听他说明来意，哈哈大笑，拿出一把雨伞来，让他看个仔细。我今天就仿佛是那个上注册局的乡下佬，孤陋寡闻，没见识过雨伞。不过，在找不到屋檐下去躲雨的时候，棒撑着布也不失为一种应急的有效方法。

这里先讲对日本汉学研究中国人不敢等闲视之，即使是中国专家在日本讲中国学问，也要对听众的水平作最充分的估计。后一段讲自己不通晓日语，除了有勇气之外，没什么资本。殊不知，钱先生正是这种有意识的自嘲式的赞扬，使在座的所有日本听众既感动又受用。

赞美要区别不同的对象

因为其自身心理特点不同，对男人、女人的赞美也不能采用相同的语言方式。

男人要面子、好虚荣，多表现在追逐功名、显示能力、展现个性以显示潇洒和能人之形象方面，而女人则表现在对容貌、衣着的刻意追求或身边伴个白马王子以示魅力方面。

男人要面子、好虚荣毫不遮掩，有时甚至坦率得令人吃惊，而女子则总是遮遮掩掩、羞羞答答，"犹抱琵琶半遮面"。

女性对于面子、虚荣还有几分保留，而男子则是全力以赴地去追求面子，好似他的人生目的就是面子一般。

男人为了面子可以大动干戈，有权力的甚至可以轻则杀一儆百，重则发动战争；女人为了面子则会大喊大叫或者在家里鬼哭狼嚎一番。

对于男人的面子千万不要去伤害、破坏，否则便万事皆休、一切都了——友谊中断，恋爱告吹，生意不成，升官无望，职称泡汤。

恭维异性，绝对要讲究技巧，否则稍有不慎便会招致不必要的误解。如果是初次见面，恭维还可能被理解成过于露骨的奉承甚至给人留下低俗、讨厌的印象，无法将自己要表达的意思正确地传递给对方。

初次与异性会面，使用含糊的恭维之词是一种好办法。因为对于含义模糊的词句，人们多半会往好的方面理解。

对女性还应该注意下面的情形：

1. 加班时，如果对女职员说"你可以回去了"，不但没有讨好，反而容易使对方认为你轻视她。

某汽车厂的营业科长每见到我便发牢骚："女孩子真是难以捉摸，没批两句就去哭，夸奖其中一个却得罪其他女孩子，这样真让我头痛。"日前决算，他轻声告诉两个不必留下来加班的女职员："你们可以回去了。"想不到对方却不高兴地说："别人都留下来，我们为什么回去。"看来他的一番好意似乎被她们当做轻视的话了。

其实，这是没有把握女性的心理特点所致，越是认真工作的女性越痛恨被歧视。遇到这种情形，不要只说："你们可以回去了。"最好用安慰的口吻说："你们每天很辛苦，今天可以早一点回去。"如有这样的机灵，那么对方也会感谢你的一番好意，高高兴兴地回家了。

2.千万不要在女性面前称赞其他女性。有人说："女人的敌人就是女人自己。"对女性而言，其他女性全都是永远的敌人。

市内某女中，据说有位男老师在课堂上总是以相同的速度走动，倘若中途不经意间停下来，那么全班便认为老师对旁边的女孩子有意思，也许有人会觉得很荒谬，但实际上却有男老师因为不堪其扰而辞职。

女性在男女关系中没有所谓洒脱的状态，亦即没有所谓中立状态。例如情侣相偕上街，男的看着迎面而过的漂亮小姐，说道："哇！好漂亮的女孩。"这种出于男性本能而又无心的一句话，其后果是深深刺伤了女朋友的心，她会为此记仇不再理他。

即使是因为相同的事由，你也不应以同样的方式来称赞所有的人。不要去找任何时间、场合下对任何人都适用的"赞赏万金油"，它是不存在的。避免给对方留下"这人对谁都讲那么一套"的坏印象。

在很多人参加的聚会中，你千万不要搬出前不久刚称赞过其中某一位的话，再次恭维其他人。还是仔细想一想，每位顾客与他人相比，到底有何突出之处，这样就能因人制宜、恰到好处地赞扬别人。

避免由赞语引起的误解

不要突然没头没脑地就大放颂辞。你对顾客的赞赏应该与你们眼下所谈的话题有所联系。请留意你在何时以什么事为引子开始称赞对方。

对方提及的一个话题，他讲述的一个经历，也可能是他列举的某个数字，或者是他向你解释的一种结果，都可以用来作为引子。

一个男青年晚上在饭店碰到一位认识的女士，她正在和一位女伴用餐，两人刚听完歌剧，穿戴漂亮。这位男青年不觉眼前一亮，很想恭维一下对方："噢，康斯坦泽，今晚你看上去真漂亮，很像个女人。"对方难免生气："我平常看上去什么样呢？像个清洁工吗？"

在一次管理层会议上，一位报告人登台了。会议主持人向略显吃惊的观众介绍："这位就是刘女士，这几年来她的销售培训工作做得非常出色，也算有点儿名气了。"这末尾的一句话显然画蛇添足地让人不太舒心，什么叫"也算有点儿名气了"呢？

这些称赞的话会由于用词不当，让对方听来不像赞美，倒更像是贬低或侮辱。结果自然是事与愿违，不欢而散。

所以在表扬或称赞他人时也请谨慎小心。请注意你的措辞，尤其要注意以下几条基本原则：

1. 列举对方身上的优点或成绩时，不要举出让听者觉得无足轻重的内容，比如向客户介绍自己的销售员时说他"很和气"或"纪律观念强"之类的和推销工作无甚干系的事。

2. 你的赞扬不可暗含对对方缺点的影射。比如一句口无遮拦的话："太好了，在一次次半途而废、错误和失败之后，您终于大获成功了一回！"

3. 不能以你曾经不相信对方能取得今日的成绩为由来称赞他。比如："我从来没想到你能做成这件事"，或是"能取得这样的成绩，你恐怕自己都没想到吧"。

另外，你的赞词不能是对待小孩或晚辈的口吻，比如："小伙子，你做得很棒啊，这可是个了不起的成绩，就这样好好干！"

总之，赞美就像空气清新剂，可以振奋对方的精神，"美化"你身边的气氛，但也必须清楚，再好的清新剂也有过敏者以至反感者，更何况人与人之间的关系如此复杂，如果不首先练达人情，不根据所赞对象的心情及当时情境的具体情况而乱赞一通，恐怕真的会马屁拍到马蹄上的。

第四章

批评他人时的场面话

批评的话最需要巧说

如果提出批评的人先谦虚地承认自己也不是十全十美、无可指责的，然后再指出别人的错误，或者在批评之后再指出他的优点，这样就比较容易让人接受了。

圆滑的布诺亲王早在1909年就已深切地感觉到利用这种方法的重要。

当时德皇威廉二世在位时，目空一切，高傲自大。他建设陆军、海军，欲与全世界为敌。

于是，一件惊人的事情发生了！德皇说了一些令人难以置信的话，震撼了整个欧洲，甚至影响到了世界各地。最糟糕的是，德皇把这些可笑、自傲、荒谬的言论，在他做客英国时，当着群众的面发表出来。他还允许《每日电讯》照原意在报上公开发表。

例如，他说他是唯一一个对英国感觉友善的德国人；他正在建造海军来对付日本的危害。德皇威廉二世还表示，凭借他的力量，可以使英国不屈辱于法、俄两国的威胁之下。他还说，由于他的计划，英国的诺伯特爵士，在南非才能战胜荷兰人。

在这100年来的和平时期，欧洲没有一位国王会说出这样惊人的话来。从那时起，欧洲各国顿时哗然、骚动，蜂拥而至。英国人非常愤怒，而德国的那些政客们，更是为之震惊。

在这阵惊慌中，德皇也渐渐感到了事态的严重。可是，说过的话又怎么能够轻易地挽回，为了解脱自己，他只能慌慌张张地请别人代他受过。宣称那一切都是布诺亲王的责任，是他建议德皇说出那些话来的。

可是，布诺亲王却认为，德国人或英国人是不会相信这是他的主意的。布诺亲王说出这话后，马上发觉自己犯了一个严重的错误。果然，这激起了德皇的愤怒。

他大为恼火，德皇认为布诺亲王在辱骂他，说自己连他都不如。

布诺亲王原本知道应该先称赞，然后才指出他的错误，可是为时已晚了。他只有做第二步的努力：在批评后，再加以赞美。结果，奇迹立刻出现了。

布诺亲王紧接着开始夸奖德皇，说他知识渊博，远比自己聪明。

德皇脸上慢慢地露出笑容来，因为布诺亲王称赞了他。布诺抬高了他，贬低了自己。经布诺亲王解释后，德皇宽恕了他，原谅了他。

布诺亲王用几句称赞对方的话，就把盛怒中的傲慢的德皇，变成了一个非常热诚的人。

指责别人之前或之后承认自己无知、少知为智者的明智之举。既可使人看出其修养深度，又可令人容易接受；反之，自我感觉良好、咄咄逼人者，会给人一个蛮横无理的印象。

暗示比直接批评更有效

当面指责别人，这会造成对方顽强的反抗；而巧妙地暗示对方注意自己的错误，他会真诚地改正错误。

华纳梅克每天都到费城他的大商店去巡视一遍。有一次他看见一名顾客站在台前等待，没有一个人对她稍加注意。那些售货员在柜台远处的另一头挤成一堆，彼此又说又笑。华纳梅克不说一句话，他默默地站到柜台后面，亲自招呼那位女顾客，然后把货品交给售货员包装，接着他就走开了。这件事让售货员感触颇深，他们及时地改正了服务态度。

官员们常被批评不接待民众。他们非常忙碌，但有时候，是由于助理们过度地保护他的主管，为了不使主管见太多的访客造成负担。卡尔·兰福特，在狄斯耐世界所在地——佛罗里达州奥兰多布，当了许多年的市长。他时常告诫他的部属，要让民众来见他。他宣称施行"开门政策"。然而他所在社区的民众来拜访他时，都被他的秘书和行政官员挡在门外了。

这位市长知道这件事后，为了解决它，他把办公室的大门给拆了。这位市长真正做到了"行政公开"。

若要不惹火人而改变他，只要换一种方式，就会产生不同的结果。

确实那些直接的批评会令人非常愤怒，间接地让他们去面对自己的错误，会有非常神奇的效果。玛姬·杰各曾提到她如何使得一群懒惰的建筑工人，在帮她盖房子之后如何清理干净现场。

最初几天，当杰各太太下班回家之后，发现满院子都是锯木屑。她不想去跟工人们抗议，因为他们工程做得很好。所以等工人走了之后，她跟孩子们把这些碎木块捡起来，并整整齐齐地堆放在屋角。次日早晨，她把领班叫到旁边说："我很高兴昨天晚上草地上这么干净，又没有冒犯到邻居。"从那天起，工人每天都把木屑捡起来堆好放在一边，领班也每天都来，看看草地的状况。

在后备军和正规军训练人员之间，最大不同的地方就是理发，后备军人认为他们是老百姓，因此非常痛恨把他们的头发剪短。

陆军第542分校的士官长哈雷·凯塞，当他带领了一群后备军官时，他要求自己解决这个问题，跟以前正规军的士官长一样，他可以向他的部队吼几声或威胁他们。但他不想直接说出他要说的话。

他开始说了："各位先生们，你们都是领导者。你必须为尊重你的人做个榜样。你们该了解军队对理发的规定。我现在也要去理发，而它却比某些人的头发要短得多了。你们可以对着镜子看看，你要做个榜样的话，是不是需要理发了，我们会帮你安排时间到营区理发部理发。"

结果是可以预料的，有几个人自愿到镜子前看了看，然后下午就到理发部去按规定理发。次晨，凯塞士官长讲评时说，他已经看到，在队伍中有些人已具备了领导者的气质。

用更容易接受的批评方式

没有人愿意被拒绝，不管你说的有多对，所以拒绝常会产生一些负效应。但是，有些人能够很恰当地把握批评的方法尺度，使批评达到春风化雨、甜口良药也治病的效果。

美国南北战争时期，属下向林肯总统打听敌人的兵力数量，林肯不假思索便答："120万至160万之间。"下属又问其依据何在，林肯说："敌人多于我们三四倍。我军40万，敌人不就是120万至160万吗？"为了对军官夸大敌情、开脱责任提出批评，林肯巧妙地开了个玩笑，借调侃之语嘲笑了谎报军情的军官。这种批评显然比直言不讳的斥责要好多了。

其实，许多时候批评的效果往往并不在于言语的尖刻而在于形式的巧妙，正如一片药加上一层糖衣，不但可以减轻吃药者的痛苦，而且使人很愿意接受。批评也一样，如果我们能在必要的时候给其加上一层"外衣"，同样也可以达到"甜口良药也治病"的目的。

有一天中午，查理·夏布偶然走进他的一家钢铁厂，撞见几个工人正在吸烟，而在那些工人头顶的墙上，正悬着一面"禁止吸烟"的牌子。夏布没有直接地批评工人。

他走到那些工人面前，拿出烟盒，给他们每人一支雪茄，然后请他们到外边去抽。那些工人，已经知道自己破坏了规定，可是他们钦佩夏布先生不但丝毫没有责备他们，而且还给他们每人一支雪茄当礼物，工人们觉得很高兴。

1987年3月8日，最善于布道的彼德牧师去世了。下一个星期日，艾鲍德牧师被邀登坛讲演。他尽其所能，想使这次讲演有完美的表现，所以他事前写了一篇讲演的稿子，准备到时应用。他一再修改、润色，才把那篇稿子完成，然后，读给他太太听。可是这篇讲道的演讲稿并不理想，就像普通演讲稿一样。

如果他太太没有足够的修养和见解，一定会直接说出这篇稿子糟透了，绝对不能用，因为它听起来就像百科全书一样枯燥无味。当然可以向她丈夫这样说！试想一下，这样说，后果又会如何呢？

那位艾鲍德太太，因为她知道间接批评别人的好处，所以她巧妙地暗示她丈夫，如果把那篇演讲稿拿到北美评论去发表，确实是一篇极好的文章。也就是说，她虽然赞美丈夫的杰作，同时却又向丈夫巧妙地进行暗示，他这篇演讲稿，并不适合讲演时用。艾鲍德明白了他妻子的暗示，就把他那篇绞尽脑汁所完成的演讲稿撕碎。他什么也不准备，就去讲演了。

我们要劝阻一件事，永远躲开正面的批评，这是必须记住的。如果有这个必要的话，我们不妨旁敲侧击地去暗示对方，对人正面的批评，那会毁损了他的自信，伤害了他的自尊，如果你旁敲侧击，对方知道你用心良苦，他不但接受，而且还会感激你。

批评要遵守一些基本原则

生活、工作中，批评和奖励一样必不可少，因为缺点每个人都有，只有认识到自己的缺点才有可能进步。自己认识不到就得靠别人来帮助，这就是批评的价值所在。所以，批评人让对方认识到批评的价值才不会使批评走向误区。

但是，在开展批评时，一定要讲究方式、方法，这里也有艺术性。否则难以达到预期效果。

那么，采取什么样的批评方式才会取得好的效果呢？

1. 体谅对方的情绪，取得对方的信任

这是使批评达到预期效果的第一步。"心直口快"作为人的一种性格来说，在某些方面的确可体现出它的优点，但在拒绝他人时，"心直口快"者往往不能体谅对方的情绪，图一时"嘴快"，随口而出，过后又把说过的话忘了，而在被批评者的心理上却蒙上了一层阴影也失去了对批评者的信任。所以当你在批评他人时，不妨学会从别人的角度来看问题，设身处地地站在对方的立场上考虑一下，自己是否能接受得了这种批评。如果所批评的话自己听来都有些生硬，有些愤愤不平，那么就该检讨一下措辞方面有何要修改之处。

另外，也要考虑场合问题。不注意场合的批评，任何人都是不会接受的。

2. 诚恳而友好的态度

批评是一个敏感的话题，哪怕是轻微的批评，都不会像赞扬那样使人感到舒畅，而且，批评的对象总是用挑剔或敌对的态度来对待批评者。所以，如果批评者态度不诚恳，或居高临下，冷峻生硬，反而会引发矛盾，产生对立情绪，使批评陷入僵局。

因此，批评必须注意态度，诚恳而友好的态度就像一剂润滑剂，往往能使摩擦减少，从而使批评达到预期效果。

3. 只说当前，不提过去

批评并不是回顾过去，而应该站在如何解决当前的问题、将来如何改进的立场上进行，最重要的是将来，而不是过去。

重视现在，而不是过去。不追究过去，只将现在和将来纳入需要解决的问题，亦即不是责备已成的结果，而是对今后如何做有所"鼓励"，这样的批评法才是理想、得当的说服法。

4. 只论此事，不谈其他

如果一次批评许多事情，不仅使内容相互抵消，而且还可能把握不住重点，同时也容易使受到批评的人意志消沉。

在现实生活中，尤其是面谈时很容易出现这种情形，日常的工作场合说话的机会很少，所以便趁面谈的机会把过去的一切和盘托出。因此会产生对抗的心理，为了有效地说服，应该尽量避免这样的情形出现。

5. 人员为一对一，莫让他人听到

这是因为批评时若有他人在场，被批评者会有屈辱感，因此心生反抗，只会找理由辩解，而无心自省，也就无法产生效果。因此，不到不得已，尤其不要当众拒绝部下，除非是与自己有信赖关系的部下。

6. 别用批评来发泄心中的不快

所谓的"批评时不可加入感情"，意思是说责备别人时要公事公办，不要混杂私人的不快感情，而是进行冷静的批评。可是，批评是人的感情行为，不可能脱离感情，那种如同戴面具的批评是令人生厌和有违自

然的。因此，如何正确地表现感情就成为批评重要的一环。换句话说，透过批评表现出自己的感情打动下属的心，才是有成效的批评的说服。

要想真正打动下属的心，达到说服的效果，绝不能把自己表现得完美无缺，高高在上地批评对方。这样只是使批评的一方获得自我满足，毫无半点成效。而应该将对方的缺点和错误看成是自己的，抱着希望对方能发现自己的过失和错误并予以纠正的心情。

也就是说批评对方也等于批评自己。因此，尤其是作为能左右别人的上司，必须以责己之心来批评部下，否则就收不到真正的批评效果。

"责人如责己"，这一点不可忘记。

要给被批评者解释的机会

人们常犯把自己的意见强加到别人身上的错误，不管你的地位有多高，与人说话把人置于等而下之的地位，自然对方不会服你。要想使批评真正发挥作用，就应先了解一下别人是怎么想的。

很多人在努力想让别人同意他自己的观点时，常不自觉地把话说得太多，尤其是推销员，常犯这种错误。要尽量让对方说话，因为，他对自己的事业和他的问题，了解得比你多。即使你在批评别人的时候，也要向对方提出问题，让对方讲述自己的看法。

如果你不同意他的看法，你也许会很想打断他的讲话。实际上这时候你更需要耐心地听着,抱着一种开放的心胸,要做得诚恳,让他充分地说出他的看法。

尽量让对方讲话,不但有助于处理商务方面的事情,也有助于处理家庭里发生的矛盾。芭贝拉·琳达和她女儿洛瑞的关系快速地恶化下去,洛瑞过去是一个很乖、很快乐的小孩,但是到了十几岁时却变得很不合作,有的时候,甚至于喜欢争辩不已。琳达太太曾经教训过她,恐吓过她,还处罚过她,但是一切都收不到效果。

一天,琳达太太放弃了一切努力。洛瑞不听她的话,作业还没有做完就离开家去看她的女朋友。

在女儿回来的时候,琳达太太本来想对她大吼一番。但是她已经没有发脾气的力气了。琳达太太只是看着女儿并且伤心地说:"洛瑞,为什么会这样?"

洛瑞看出妈妈的心情,用平静的语气问琳达太太:"你真的要知道?"

琳达太太点点头,于是洛瑞就告诉了妈妈自己的想法。开始还有点吞吞吐吐,后来就毫无保留地说出了一切情形。

琳达太太从来没有听过女儿的心里话,她总是告诉女儿该做这该做那。当女儿要把自己的想法、感觉、看法告诉她的时候,她总是打断她的话,而给女儿更多的命令。

琳达太太开始认识到,女儿需要的不是一个忙碌的母亲,而是一个密友,让她把成长所带给她的苦闷和混乱发泄出来。过去自己应该听的时候,却只是讲,自己从来都没有听她说话。

从那次以后,琳达太太想拒绝女儿的时候,就总是先让女儿尽量地说,让女儿把她心里的事都告诉自己。她们之间的关系大为改善。不需要更多的批评，女儿再度成为一名很合作的人。

使对方多多说话，试着去了解别人，从他的观点来看待事情，就能创造生活的奇迹，使你得到友谊，减少摩擦和困难。

别人也许完全错误，但他并不认为如此。因此，不要责备他。试着去了解他，只有聪明、容忍、特别的人才会这么做。

别人之所以那么想，一定存在着某种原因。查出那个隐藏的原因，你就等于拥有了解答他的行为，也许是他的个性的钥匙。

有效批评下属的技巧

批评的目的是希望他改正错误，只有掌握了批评的技巧，才能达到目的。

1. 以客观、严肃、平静的方式面对员工

领导者通过自由、轻松、非正式的方式处理问题有利于促进人际交往活动。因为，在这种情境下员工会感到无拘无束。但是，批评的实施与这种情境完全不同。因此，作为管理者的领导者应尽可能地避免愤怒或其他情绪反应，而应以平静、严肃、客观的语气来表述自己的意见。但也不要以开玩笑或聊家常的方式来减弱紧张的压力。这类举动会使员工感到困惑，因为它们给员工传递了一种相互矛盾的信号。

2. 指明问题所在

当你与员工坐在一起时,要明确地指出你有具体针对这一问题的有关记录。向当事人出示违规发生的日期、时间、地点、参与者及其他任何环境因素。要用准确的语言来表述和界定过失,而不要仅仅引证组织的规章制度或劳动合同。你要表达的并不是违反规则这件事情本身,而是违规行为对整个组织绩效所造成的影响。要具体阐明违规行为对员工个人的工作绩效、对整个单位的工作绩效以及对周围其他同事所造成的不良影响,并解释这一行为不应再发生的原因。

3. 讨论不针对具体人

批评应指向员工的具体行为而不是他的人格特征。如,一名员工多次上班迟到,就要向他指出这一行为如何增加了其他人的工作负担,他的行为会影响整个部门的工作士气等,而不要一味地指责此人自私自利或不负责任。

4. 允许员工陈述自己的看法

无论你有什么样的事实或证据支持你的谴责,正确的工作方法应该是:给当事人一个陈述自己看法的机会。从当事人本人的角度来看,发生了什么事?为什么会发生?他对组织规则、管理条例和组织环境是怎样理解的?如果在违规方面你与当事人的观点差异很大,你就应该做进一步的调查。

5. 保持对讨论的控制

在人际交往中，人们都希望、鼓励开放式的对话，希望抛开控制而制造一种双方平等的沟通气氛。但在实施批评时却不一样。因为，违规者会利用一切机会将你置于守势。也就是说，如果你不进行控制，他们就会控制。对员工的批评就是在权力基础上的活动，要想巩固组织准则和规程就必须进行控制。既要让员工从自己的角度陈述所发生的事情，还要抓住事实真相，不要让他们干扰你或使你偏离目标。

6. 对今后如何防范错误达成共识

应包括对错误改正的指导。在批评中，要让员工谈谈他们今后的过失或违规行为，要让他们制定一个改变此行为的计划，然后安排出以后见面的时间表，以便于评估他们每一次的进步。

第五章

拒绝他人时的场面话

用场面话巧拒绝

说"不"与说"是",是人际语言家族中的一对难兄难弟,它们时而和平相处,时而打得头破血流,时而握手言和,时而反目成仇,演出了一幕幕是是非非的历史悲喜剧。说"不"的性质和情结千差万别,说"不"者同样有万别千差。有人凡事都以"我"画线,对不合我意的,一律简单地说"不";有人谨言慎行,有不同意见时,只是委婉地表态:"我不敢苟同!"如此种种说"不"的方式,都体现了社会生活中说话办事效果的高低不同。

随意说"不"易得罪人。相信不少人都吃过"祸从口出"的苦头,往往说者无心,听者有意,有时候无心的一句话经过别人的嘴一说,就有可能会引起轩然大波,在这种情况下不仅会引起莫名的误会,同时还可能招惹是非,使自己成为受害者!

"祸从口出"这简短的几个字里,直接指出口为祸之门,那么舌头往往就成为腰斩自己的利刃。当然,它同时也提醒人要口有遮拦,尤其不要随便乱发议论、轻易说"不"以免遭来不妄之灾。

所谓"不知者无罪",除去那些纯属于玩笑性质的戏谑外,如果真的恶意中伤就更容易使别人受到伤害。

同样的一张嘴,同样的一个"不"字,有人能利用它来拯救一国之难也有人因它而招来杀身之祸,一切都由各人掌握。但若因无意的一句话而导致悲剧的产生可就太不划算了!所以我们在公开的场合,要特别注意自己的言行,以避免不必要的麻烦产生。

孔融向来对曹操的许多政策持讽刺、反对的态度。曹操同袁绍官渡大战前夕,曹操为了稳定后方,曾下令对在建安五年以前的诽谤言论,从宽赦免不予追究,以后再有诽谤的,"以其罪罚之"。孔融以才自恃,根本不予理睬。后来曹操为了节约粮食,支持战争,曾全面下令禁酒。孔融反对禁酒,并写了一篇专门讲饮酒好处的文章,以与曹操唱对台戏。公元208年,孔融还当着孙权使者的面,当庭诽谤曹操,使曹操非常难堪,大丢面子。曹操深感孔融妨碍他的统治,盛怒之下,找个借口把孔融杀死了。循汉书在评论孔融时,说孔融"负其高气,志在靖难,而才疏意广,迄无成功"。

常言说:"沉默是金。"如果真的是一颗闪闪发光的金子,它就是历经开口后的一种最完美的、最让人回味以及拥有无穷的遐想的选择。"沉默是金"的许多好处,正确地说明了它的不可替代性、不可忽视性。孔融的悲哀,就在于他自恃才高八斗,处处与曹操搞对抗。不该说"不"时说不,最终丢了脑袋。

只因一个"不"字而丢掉了一条生命,可以说实在不划算。生活中,如果一时髦小姐问你:"我漂亮吗?"

即使她长得不漂亮，也不能老实地回答。为了避免刺伤她的自尊心，此时不妨拐个弯："你的确长得很美。"这不是各有其乐吗？

拒绝话需点到即止

晏子是齐国一位善谏的大臣。晏子死了17年后，齐景公有一次请大夫们喝酒。景公射箭射到了靶子外面，满屋子的人却众口一词地称赞他。景公听后变了脸色，并叹了口气，把弓丢在一旁。

这时，弦章进来了。景公说："弦章，自从我失去晏子到现在已经有17年了，从来没有听到别人对我过失的拒绝。今天我射箭到了靶子外，他们却众口一词赞美我。"

弦章说："这是那些大臣的不好。他们本身素质不高，所以看不到国君哪些地方不好；他们勇气不够，所以不敢冒犯国君的尊严。但是，您应该注意一点，我听说：'国君喜欢的衣服，那么大臣就会拿来替他穿上；国君喜欢的食物，大臣就会送给他吃。'像尺蠖这种虫子，吃了黄颜色的东西，它的身体就要变黄，吃了绿颜色的东西，它的身体就要变绿，作为国君大概总会有人说奉承话吧！"

弦章的话在景公听来颇有道理，明白了奉承者不过是投自己所好，如果自己对奉承话深恶痛绝的话，就很少会有人来自讨苦吃了。弦章虽未直接进一步指出是景公喜欢听奉承话才造成如此局面，但景公已深刻领悟到了这一点，事实上，若弦章再画蛇添足地说教一番，效果反而不会有仅点到为止好。

当人们发表拒绝意见时，还要注意不要滔滔不绝地讲个不停，使当事人没有时间与机会来思考你所提出的意见。这种言语啰唆的行为，不仅冲淡了主题，而且也是对当事人不尊重的表现。在心理咨询当中，咨询者常常在讲话中有意地停顿几秒钟，以观察对方是否有话要说。同时，他还会不断地运用沉默来暗示对方思考自己讲过的话，并提出问题。这种手段不单给来咨询者以充分说话和思考的机会，还可促进咨询者与来询者之间的相互共鸣和理解。

拒绝的艺术还在于言语简明扼要，给人以丰富的联想。反之，话讲得多了，会起到相反的作用，对方会对你产生反感，反倒产生事与愿违的结果。这就是"物极必反"的道理。

发表拒绝意见，还应忌扩大事端，将一些不相关的事情也扯进来，使得当事人越听越不耐烦，增加其对拒绝的抵触情绪，特别是对于要面子的人，在发表拒绝意见时不断扩大拒绝范围，无疑是逼他不认同拒绝意见。

在日常生活中，夫妻之间、父母子女之间常见的问题就是唠叨。本来是出于对彼此的爱与关心，但因其不是就事论事，而是一件事做错了，将其以前做错的也牵扯进来，进行一番拒绝，使得对方不但不能心甘情愿地接受当前的拒绝，反而还不得不为自己以前的行为进行辩护。

就心理学而言，在拒绝当中扩大事端，等于改变两个人原有的认知对象及其认同条件。这正如前面举例中说明的那样：当丈夫因一天不做家务事而受到妻子指责他从来不干家务事时，他会本能地加以反驳，因为其拒绝话题已产生了本质性的变化，即双方认同的基础已不是谈论今天这一具体事件,而是把以前所有错或不错的事合在一起,难怪作为丈夫会感到委屈、不服了。

另外,一个过错进行一次拒绝。要想对一个已知过错引起注意,一次提醒就足够了。拒绝两次完全没有必要,再一次就成了唠叨了。如果总把过去的错误翻出来并唠唠叨叨地没个完,对于拒绝者来说完全是愚蠢和无效的。

"妙语精言,不以多为贵。"拒绝人,话不在多,而在精妙,所谓"言贵精当"。言语精练,往往能一语中的,使听者在较短的时间里获得较多的信息;一语道破,使对方为之震动,幡然醒悟。如果拖泥带水,东拉西扯,反而使人不得要领,让人云里雾里,不知所云,甚至产生急躁情绪,也就达不到拒绝的目的了。

教你如何开口拒绝人

当我们想拒绝别人时,虽然心里面可能不愿意,但嘴上还是在说"行,好吧"。这种口不应心的做法,一方面是怕得罪人,另一方面是觉得不知该如何开口拒绝别人。

当然说"不"也有技巧:

1. 用沉默表示"不"

当别人问你"喜不喜欢某某人"时,你心里并不喜欢,这时,你可以不表态，或者一笑置之，别人即会明白。

一位不大熟的朋友送来请柬，邀请你参加晚会，你可以不予回复。它本身说明，你不愿参加这样的活动。

2. 用拖延表示"不"

一位女友想和你约会，她在电话里问你："今天晚上有时间吗？"你可以回答："明天再约吧，到时候我会给你电话。"

3. 用推脱表示"不"

一位客人请你替他换个房间，你可以说："对不起，这得值班经理决定，他现在不在。"

有人想跟你聊天，你看看表，"对不起，我还要参加一个会，改天行吗"？

4. 用回避表示"不"

你和朋友去看了一部恐怖片，出影院后，朋友问："你觉得这部片子怎么样？"你可以回答："我更喜欢抒情点的片子。"

5. 用反问表示"不"

你和别人一起谈论国事，当对方问："你是否认为物价增长过快？"你可以回答："那么你认为增长太慢了吗？"

6. 用客气表示"不"

当别人送你礼品时，而你又不能接受的情况下，你可以客气地回绝：

一是说客气话；二是表示受宠若惊，不敢领受；三是强调对方留着它会有更多的用途。拒绝别人也是有讲究的。拒绝得法，对方便心服情愿；如果拒绝不得法，会使人感到不满，甚至对你怀恨在心。

拒绝别人方法不得当，有时会给自己带来很多麻烦。例如一个素行不良的朋友来向你借钱，你明知道把钱借给他就像肉包子打狗一样有去无回；一个相识的商人向你推销商品，你明知买下了就会亏本……诸如此类的事你必定加以拒绝。可是拒绝之后，就有可能断绝交情，引人恶感，被人误会，甚至埋下仇恨的祸根。要向一位有权威的人表示反对意见或拒绝，你必须有充分的理由，更要说得使他完全信服。因此，技巧的运用不能不讲究。

记住：不要损伤了他人的自尊心，不要使他人感到低你一截儿。你虽然拒绝了他，但是要使他自己仍然觉得自满和得意吧！

试着用幽默的场面拒绝

中国人对拒绝别人、要对别人说"不"，似乎很不擅长。拒绝别人很容易伤害别人的感情，以致在人际关系上搞得很糟，还会造成许多误解，甚至引发纠纷。

有一位作家，拿着他的新作品去拜访丘吉尔，坚持请丘吉尔一定要阅读他的作品。最后丘吉尔很严厉地拒绝说："我只看有趣或有益的书呀！"在工作当中，如果不懂得拒绝的技巧，往往会吃亏上当的，因此，我们特别介绍下面的办公室内幽默的拒绝技巧：吉姆是一位被公司冷落的老主任。有一天，某部门经理拍着他的肩膀说："吉姆，你看是不是要早日把你的职位让给年轻人！"

"好啊，就这么办！"

"咦，你愿意？"

"是啊！不过俗话说，'鸟去不浊池'。所以我有一个请示，希望能让我把正在进行的工作彻底做好再走。"

"哦，这是理所当然的，不过，你那个工作预计什么时候可以完成呢？""我想，大概还要十年吧！"

这回答乍一听，似乎是很大度的人，不计较个人利益，然后找了一个听来十分堂皇的借口"站好最后一班岗"，而部门经理不知道，这正是他回绝的理由，迂回中才表露出来。我们都不得不叹服这位老主任的幽默才能。

安排好拒绝的主角和配角

巧妙地拒绝，是伴随你成功的一把小钥匙，不妨经常磨磨它，免得生了锈。生活中有着许许多多的"怪圈"，明明是对你有利，你总断然否决；明明这人不适合于你，你又碍于面子，难以拒绝接受；明明是你不愿做的事情，在别人的盛邀下，只好勉强而为之……

唉！拒绝真难！

社会发展的轮子碾碎了无数公正和直率的骨骼，发展的结果，利用别人和自己，搭起了一张张人性交织的关系网，互相利用，互相"照顾"。于是面子将不足盖住了，缺点被人网淹埋了，面对着你不愿要的人、不要做的事，你瞻前顾后，左右权衡，竟难以说出一个"不"字。

拒绝真的这样难吗？我们如何走出人情关系的误区，巧妙地说出"不"字呢？我们不妨看看下面的这个例子：

涉世老手的朋友小 D 承包经营着一家新技术开发公司。几年来，市场瞄得准，技术开发战略决策恰当，科技人员力量雄厚，经营管理科学，使得企业产值和利税大幅度上升，经济效益极好。因而引得许多人都想往这个单位钻。一天，他的一个老上司打电话，想给他推荐一个职员，问他能否接收。碍于面子，他就让老上司带着求职者来面试。面试结果，发觉很不理想，进入公司吧，养了个庸才，而且会造成公司进入制度的破坏，进入口子过大、过松，影响公司的长远发展；不接收吧，老上司以前待自己不错，碍于面子，不好拒绝。于是，小 D 愁眉苦脸地来找涉世老手。

涉世老手问清情况后，提出了 3 点建议：

1. 从大处、长处着想，应当拒绝。

2. 要摆明单位的实际情况，让老上司及求职者明白不接受的客观原因。

3. 要顾全老上司的面子，免伤自尊和和气。

两天后，小 D 高兴地打电话过来，告诉涉世老手他拒绝的办法和效果。小 D 首先请老上司和那个求职者参观、了解一下公司工作室各人员忙碌的情况和做事的难度，以及进入公司的规章制度。接着又向老上司汇报了在老上司以前指导下的发展情况,今年的承包合同指标。"老上司,前几年,在您的指导下,公司发展很快,公司上下都非常感谢您的理解和支持。去年年初,我们按照您的指示,修订和加强了管理制度和岗位用人制度,效果非常好,希望您能继续指导。对于您介绍的这个小伙子,所学与我们不对口,公司研究没有通过,也是怕影响今年的承包指标完成。如果有别的适合单位的话,我再想办法让他去试试。老上司,您看这样好吗?"

的确小D通过让他们了解实际情况,明确地说出事实,"开诚布公"地拒绝了,即使不拒绝,求职者也很可能会畏缩。小D以老上司指导而定的制度为由,既大大恭维了老上司,给了他很大面子,同时又以制度和合同指标给老上司自己指出了"两难"境地。此外,以本单位不适合,还有别的单位可能接收,留给对方一个后路。这种拒绝法真可谓洞察人性、巧布拒绝网局。

从这个例子可以看出,要巧妙地拒绝应该做到:

1.让对方了解实际情况和难处,开诚布公地拒绝,使对方相信你的真诚。

2.要给对方留下面子,切不能伤人自尊。别人之所以来你这里求职,一方面是你公司的发展前景;另一方面也是公司的声誉。拒绝对方而不留面子,不仅会破坏你们的关系,而且也会影响整体声誉,影响公司招贤纳士的礼让形象。所以绝对不能以伤人自尊的方式拒绝对方。

3.力求使对方释然、高兴地退下。让对方感觉到公司的发展也有对方的一份力量(虽然不是公司职员,但局外人的支持和帮助也是难能可贵的),这使得公司增强了一份社会力量。

4. 此外，要在时间、地点上注意选择拒绝方式。一个原则是，当拒绝确定时要及早拒绝，坚决不拐弯抹角地拒绝，好让对方有所准备，以免招致对方的错觉和不必要的麻烦。

诚然，在关系下的拒绝，你总会有点不安，但是你不能不拒绝，那么巧妙地布置，把交际当舞台，安排好拒绝的主角和配角，拒绝就会成为一门创造性的人际交往艺术。

常见的拒绝方法

如果难以启口那个"不"字，就会为难以启口所累。

当别人向你提出要求和帮助时，你也许是有口难言，也许是爱莫能助，或者因为对方的要求不合理，或者因为对方求办的事情不可行，从原则上、逻辑上讲都是应该直截了当加以拒绝的。但在社交过程中，这个"不"字又不是那么容易说出口的。因为拒绝不当就容易令对方不快甚至恼恨，许多人就是因为拒绝不当而失去了朋友、得罪了领导、恼怒了合作伙伴等。所以，懂得点拒绝的口才艺术是很有必要的。拒绝他人时总的原则是，不能损伤对方的自尊心，不能使对方难堪。这里介绍几种常见的拒绝方法：

1. 委婉含蓄拒绝法

这种拒绝法不是就事论事、直接拒绝，而是通过顾左右而言他的方法间接地、巧妙地、委婉地加以拒绝。这种拒绝法特别适用于有人为某事向你求情而你在原则上又不能答应的情况。例如：

清代的郑板桥在当潍县县令时，查处了一个叫李卿的恶霸。李卿的父亲李君是刑部大官，得讯后急忙赶回潍县为儿子求情。李君以访友的名义拜访郑板桥，郑知李的来意，故意不动声色地看李君如何扯到正题。李君看到郑板桥房中有文房四宝，于是向郑板桥要来笔墨纸砚，提笔在纸上写道："燮乃才子。"郑板桥一看，人家是在夸自己呢，自己也得表示表示，于是也提笔写道："卿本佳人。"李君一看，心里一亮："郑兄，此话当真？"

"君子一言，驷马难追！"

"我这个'燮'字可是郑兄大名，这个卿字……"

"当然是贵公子宝号啦！"

李君心里高兴极了："承蒙郑兄关照，既然我子是佳人，那就请郑兄手下留情。"

"李大人，你怎么'糊涂'了？唐代李延寿不是说过'卿本佳人，奈何做贼'嘛。"李君脸一红，只好拱手作别了。郑板桥巧妙地利用了李卿的"卿"与现成话"卿本佳人，奈何做贼"的"卿"字同音同义的关系，委婉、含蓄地拒绝了李大官的求情，既坚持了原则，又不使对方太难堪。

2. 先退后进拒绝法

不把自己的反对意见说出来，相反，先退一步，表示同意对方的看法，然后再针对对方所提出的问题，摆出自己的不同看法，叫做先退进拒绝法。这种方法特别适宜于拒绝权威性人士的意见，又使对方不失体面。

3. 强调客观拒绝法

这是一种强调说明主观上我是愿意尽力帮忙的，但是客观上却有许多障碍，确实是爱莫能助，以客观的诸多原因来加以拒绝的方法。

4. 诱使对方自我否定拒绝法

如果认为对方要求不合理，又不便直接向对方提出来，不妨玩点小花样，设下圈套，诱使对方自己否定自己。运用这种诱使对方自我否定的拒绝方法，必须反应灵敏、机智，方能不露破绽地令对方落入自己设下的圈套。

5. 给对方提出合理建议拒绝法

在阐述自己无法帮助对方的苦衷时，不失时机地给对方提出一些合理的建议，帮助对方想其他的点子，指明方向，使对方感到你在间接地帮助他，这样就弥补了他因被拒绝而造成的不快。

用场面话拒绝不必要的应酬

米丘林是一位植物育种家，与他亲近的人都知道，他是一个非常珍惜时间的人。在他眼里，一分一秒都是宝贵的。他常常把工具随时放在身边，为的是用的时候不必到处找，节省时间；他的手杖上有尺寸，为的是散步时也能测量树木的高矮，一物多用，节省时间。俄国十月革命前的某一天，米丘林正在植物园里工作，忽然，他家里的人跑来说："有位市长先生想要见见您。"米丘林头也不抬，仍在工作。家里人又大声地重复了一遍刚才的话。米丘林摆摆手。"您知道，这可是一位市长……"家里人强调说。"我一分钟都不愿意白白度过！"说完，米丘林又忙着去修理一棵果树了。

现实生活中有许多整天"瞎忙"的人，恰恰就是因为不懂得自己有权"拒绝别人"，不知道该如何说"不"，因此，米丘林珍惜时间的思想是非常值得借鉴的。英国作家毛姆在小说《啼笑皆非》中讲过这么一段耐人寻味的故事：一位小人物一举成名为名作家了，新朋老友纷纷向他道贺，成名前的门可罗雀同成名后的门庭若市形成了鲜明的对比。

毛姆为我们描写了这样一个场面：

一位早已疏远的老朋友找上门来，向你道贺，怎么办呢？是接待他还是不接待他？按照本意，自己实在无心见他，因为一无共同语言，二来浪费时间。可是人家好心好意来看你，闭门不见似乎说不过去，于是只好见他了。见面后，对方又非得邀请你改日到他家去吃饭。尽管你内心一百个不乐意，但盛情难却，你不得不佯装愉悦地应允了。在饭桌上，尽管你没有叙旧之情，可是又怕冷场，于是又得强迫自己无话找话。这种窘迫场面可想而知……来而不往非礼也，虽然你不再愿意同这位朋友打交道，但你还是不得不提出要回请朋友一顿。你还得苦心盘算：究竟请这位朋友到哪家饭店合适呢？去第一流的大酒店吧，你担心你的朋友会疑心你是要在他面前摆阔；找个二流的吧，你又担心朋友会觉得你过于吝啬。

因此，学会了拒绝别人，可以节省大量的时间，避免许多不必要的麻烦。如果违心地答应别人的要求，结果不仅浪费了大量时间，自己也经常觉得不自在。

拒绝需有理有据

有一个乐师，被熟人邀请到某夜总会乐队工作。但嫌薪水太低，他打算立即拒绝。但想起以往受过对方照顾，不便断然拒绝。于是，他心生一计，先说些笑话，然后一本正经地说："如果能使夜总会生意兴隆，即使奉献生命，在下也在所不辞。"此时夜总会老板自然是一副笑脸，乐师抓住机会立刻板起面孔说："你觉得什么地方好笑？我知道你笑我。你看扁我，不尊重我，这次协议不用再提，再见！"这样，乐师假装生气，转身便走，老板却不知该如何待他，虽生悔意，但为时已晚。因此，在拒绝自己不喜欢的人或要求时，要出其不意，要自己制造机会，达到拒绝的目的。有一位青年去拜访本田宗一郎，想将一块地产卖给他。本田宗一郎很认真地听着青年的讲话，只是暂时没有发言。听完青年的陈述后，本田宗一郎并没有作出"买"或者"不买"的直接回答，而是在桌子上拿起一些类似纤维的东西给青年看，并问他："你知道这是什么东西吗？""不知道。"青年回答。"这是一种新发现的材料，我想用它来做本田宗一郎汽车的外壳。"本田宗一郎详详细细地向青年讲述了一遍。本田宗一郎共讲了15分钟的话。谈论了这种新型汽车制造材料的来历和好处，又诚诚恳恳地讲了他明年汽车拟取何种新的计划。这些内容使得青年摸不着头脑，但感到十分愉快。在本田宗一郎送走青年时，才顺便说了一句，他不想买他的那块地。

如果本田宗一郎一开始就将自己不想买地的想法告诉青年，青年一定会想方设法百般劝说本田宗一郎，让他买下这块地。因此，拒绝别人时，也不能直来直去，不妨讲讲策略，这样不仅会达到拒绝的目的，而且也会取得意想不到的效果。

用兜圈子的方法拒绝尴尬问题

在日常生活和工作中，我们经常会遇到一些令人尴尬的问话，如果我们直接拒绝回答，那会使人觉得你不礼貌，如果对对方说无可奉告，又会给提问者造成心理上的失望与不快。那么，我们怎样才能拒绝对方而又不使自己陷入十分难堪的泥潭中呢？这时，你不妨用在话题上兜圈子的方法。

运用将话题扯远的拒绝技巧，换题才是关键，所转换的话题一定要和自己不便回答的问题有着某种联系。这就要求我们必须具备丰富的知识，有一定的应变能力。

在一次小型的联欢会上，观众席上有一个女子问赵本山："听说你在全国笑星中出场费是最高的，一场要 1 万多元，是吗？"

赵本山说："你的问题提得很突然，请问你是哪个单位的记者？"

"我是一家电器经销公司的。"这位女子说。

"你们经营什么产品？"赵本山问。

"有录像机、电视机……"女子答道。

"一台录像机卖多少钱？"

"4000 元。"

"如果有人出 400 元，你卖吗？"

"那当然不能卖，一种商品的价格是由它的价值决定的。"女子非常干脆地回答道。

"那就对了，演员的价值是由观众决定的。"

赵本山巧妙地利用将话题岔开，转移话题的办法拒绝了那位女子，这样，既回避了正面回答，又没有给对方留下一种答非所问、牛头不对马嘴的印象，使得交际气氛异常轻松而和谐。如果赵本山不采用这种将话题扯远的方法回答，而是拒不回答的话，就有可能把交际气氛弄得异常紧张，甚至不欢而散了。

关系处理篇

日常生活中，人与人交往时说的那些寒暄式的"场面话"多少会显得有些虚伪。但是"场面话"是说话训练中的必修课，因为不论什么人都免不了与他人打交道，而"场面话"往往在这种时候起着相当重要的作用。

第六章

初次见面说对场面话

如何引导初次见面者交谈

　　我们大家都会产生找不到话题与人交谈的尴尬。例如，在聚会上我们想不到有什么风趣或是言之有物的话可说的时候；在求职面试中拼命想给人留下好印象的时候。事实上，我们随时会遇到一些特殊情况，这时心里难免会七上八下，不知该怎样打开话匣子。

　　然而，懂得怎样毫无拘束地与人交往，能使我们扩大朋友的圈子，让生活丰富起来。

　　多年来阿迪斯以记者身份往返于世界各地，他和陌生人的谈话有许多次是终生难忘的。他说："这就好像你不停地打开一些礼物盒，事前却完全不知道里面有什么。老实说，陌生人引人入胜之处，就在于我们对他们一无所知。"阿迪斯举例说，新奥尔良有个修女，她看起来温文尔雅，不问世事。但是阿迪斯不久便发现她的工作原来是帮助粗野的年轻释囚重新做人。他还在加拿大一列火车上遇到一位一本正经的老妇，她说她正前往北极圈内的一个村庄，因为她听人说在那里她会见到北极熊在街上走！

阿迪斯说："跟我谈过话的陌生人，几乎每一个都使我获益匪浅。"一个公园里的园丁告诉阿迪斯关于植物生长的知识，比他从任何地方学到的都多。埃及帝王谷一个计程车司机，请阿迪斯到他没铺地板的家里吃茶，让他认识到一种与自己迥然不同的生活方式。在挪威奥斯陆，一个第二次世界大战时曾经参加秘密抵抗组织的战士，带阿迪斯到海边一个风吹草动的荒凉高原，他告诉阿迪斯说，就在那个地方，纳粹为了报复抵抗组织的袭击而把人质处决。

我们过去从来没有见过的人，甚至能帮助我们认识自己。因为我们可能对一个陌生人说出我们时常想说但又不敢向亲友开口的心里话，他们因此便成了我们认识自己的一面新镜子。

如果运气好，和陌生人的偶遇还会发展成为忠贞不渝的友谊。其实，我们的朋友哪一个原来不是陌生人？阿迪斯说："世界上没有陌生人，只有还未认识的朋友。"

那么，我们怎样才能将陌生人变为自己的朋友呢？

1. 先了解对方

"二战"时期的美国总统罗斯福就是一个社交能手。早年没当选总统时，在一次宴会上，他看见席间坐着许多不认识的人。如何使这些陌生人成为自己的朋友呢？罗斯福找到自己熟悉的记者，从他那里，把自己想认识的人的姓名、情况打听清楚，然后主动叫出他们的名字，谈一些他们感兴趣的事情。此举大获成功，这些人很快成了罗斯福竞选时的有力支持者。

2. 选择适宜的话题

（1）坦率说明你的感受。你可能在晚餐会上嘀咕："我太害羞，与这种聚会格格不入。"或是刚好相反，你认为："许多人讨厌这种聚会，但是我很喜欢。"

不管你怎么想，你要把你的感受向第一个愿意洗耳恭听的人说出来。这个人可能就是你的知音。无论如何，坦白说出"我很害羞"或"我在这里一个人也不认识"，总比让自己显得拘谨、冷漠好得多。

最健谈的人就是勇于坦白的人。这还有一个好处，如果你能坦诚相见，对方也会无拘无束地向你吐露心声。

一次，阿迪斯跟写过一本好书的一位心理学家谈话。阿迪斯通常对这类访问都能应付自如，而且会从中得到很大裨益，所以当他发觉自己结结巴巴，不知怎样开口时，简直大吃一惊。最后阿迪斯说："不知为什么我对你有点害怕。"那位心理学家对阿迪斯的这个说法非常有兴趣，随即大家就自然地谈起来了。

（2）谈谈周围的环境。如果你十分好奇，你自然会找到谈话题目。有一次一个陌生人审视周围，然后打破沉默，开口跟我说："在鸡尾酒会上可以看到人生百态！"这就是一句很有趣的开场白。

阿迪斯有一次坐火车，身边坐了一位沉默寡言的女士，一连几个小时他千方百计地引她说话都未成功。等到还有半个小时就要分手时，他们经过一个小海湾，大家都看到远处一座独立无依的房屋。她凝视着房子，一直到看不到它为止。然后她突然说道："我小时候就生活在这样杳无人烟的地方，住在一座灯塔里。"接着她讲述了那时生活的荒凉与美丽。

（3）以对方为话题。有一次，阿迪斯听见一位太太对一个陌生的女士说："你长得真好看。"也许，我们大多数人都没有说这种话的勇气，不过我们可以说："我远远地就看见你进来，我想……"或"你看着的那本书也正是我喜欢的。"

（4）提出问题。许多难忘的谈话都是从一个问题开始的。阿迪斯常常问人："你每天的工作情况怎样？"通常人们都会热心回答。

一定要避免令人扫兴的话题。没有人愿意听你高谈阔论诸如宠物、孩子、食物和菜谱、自己的健康、高尔夫球，以及家庭纠纷之类的事。所以，在谈话中最好不要谈及这些问题。

丘吉尔就认为孩子是不宜老挂在嘴边的话题。有一次，一位大使对他说："温斯敦·丘吉尔爵士，你知道吗，我还一次都没跟您说起我的孙子呢。"丘吉尔拍了拍他的肩膀说："我知道，亲爱的伙伴，为此我实在是非常感谢！"

3. 善于引导别人进入交谈

在交谈中，除了吸引对方的兴趣之外，还必须学会引导对方加入交谈。常听到一些青年人说，在约会的时候，总是不能保证交谈畅快地进行。其实，这本来是一个易于掌握的技巧，只要问一些需要回答的话，谈话就能持续下去。但是，如果你只问："天气挺好的，是吧？"对方用一句话就可以回答了："是啊，天气真不错！"这样，谈话就进行不下去了。

如果你想让对方畅所欲言，不妨用下列句式来引导："为什么会……"、"你认为怎样不能……"、"按你的想法,应该是……"、"你如何解释……"、"你能不能举个例子?"。总之,"如何"、"什么"、"为什么"是提问的三件法宝。

4. 要简洁而有条理

不懂节制是最恶劣的语言习惯之一。

无论是和一位朋友交谈,还是在数千人的场合演讲,最重要的就是"说话要扼要切题"。

担任企业行政主管的人几乎都认为:在商业场合里,最让人头痛的就是讲话没有条理。不知有多少人的时光浪费在那些信口开河、多余无聊的车轱辘话中去了。如果你说话的目的是要告诉别人一件事,那就直截了当地说出来,不必扯得过远。

5. 人们口头最常用的字之一就是"我"

这些人应该学学苏格拉底不说"我想"而说"你看呢"。曾有这么一个笑话:在一个园艺俱乐部的聚会中,有位先生在短短3分钟的讲话里,用了36个"我"。不是说"我……",就是说"我的……"、"我的花园……"、"我的篱笆……"。结果,他的一位熟人忍不住走过去对他说:"真遗憾你失去了妻子。""失去了妻子?"他吃了一惊。"没有!她好好的啊!""是吗?那么难道她和你谈到的花园一点儿关系都没有吗?"

6. 插嘴,就像是一把"钩子"

不要用不相关的话题打断别人的谈话,不要用无意义的评论扰乱别人的谈话、不要抢着替别人说话、不要急于帮助别人讲完故事，不要为争论鸡毛蒜皮的小事打断别人的正题。总之，别轻易插嘴，除非那人讲话的时间拖得太长，令人昏昏欲睡，已经引起大家的厌恶。这时，你打断他的话倒是做了一件仁慈的好事。

7. 谈话投机，有一半要靠倾听

不倾听就不能真正交谈，但是倾听也是一种艺术。跟新认识的人谈话的时候，你要看着他，有所回应，鼓励他继续说下去。这样，倾听就不是被动，而是主动，是不断向前探索。有意义的谈话有别于无聊的闲谈，其目的在于互相发现和了解。

那么，你怎么做才能使谈话投机呢？要记住：你对人家好奇，人家也对你好奇，你能增加他们的生活情趣，他们也能增加你的生活情趣。只由对方一个人说话，比由你一个人说话好不了多少。

毛病出在很少人能认识到谈话对方也要付出一点力。有时，他们认为自己害羞或平淡无味，他们会说："我没有什么值得一谈的事情。"他们这样说几乎一定是错的。事实上，大多数人都是有趣的。

多罗西·萨尔诺夫在其著作《语言可改变你的一生》中写道："实际上，即使一个充满缺点、脑筋糊涂和变化无常的人，也有其令人惊奇之处。"

我们需要陌生人的刺激——一个跟我们不同、暂时是个谜的人。此外，和陌生人见面还会多少对你有所影响。在最好的情况下，彼此心灵相通，意气相投，一次邂逅很有可能成为你以后生命的一部分。

许多人都想说别人期待我们说的话，一旦觉得自己与别人不同就会紧张、担心。殊不知，正因为有这种不同，人生才会如此丰富多彩。如果我们彼此坦诚相对，不为别的而只为互相了解，那么我们就能谈得投机，成为知己。

怎样表达才能达到良好的沟通效果

在汽车上，在电梯里，在行走中，当我们开口与擦肩而过的人们说话时，你是否意识到你们的友谊可能就在此时产生呢？这种体验也许你曾经有过吧。我们都知道，运用语言才能达到最好的沟通效果。通过语言可以表达我们的善意，可以激发对方的好感。当你说话时，如果能使对方谈他感兴趣的事情，就表示你已经很巧妙地吸引了对方。此时，我们再以问答的方式诱导对方谈论有关他个人的生活习惯、愿望、兴趣等问题。

一般来说，对于陌生人，人们总会下意识地存有戒备和疏远心理。此时，我们要善于察言观色，推断出对方的兴趣所在或引以为豪之处。因为这些话题会在对方心中引起强烈的共鸣，产生知音感，从而愿意向你倾吐自己的心声。话匣子一打开，陌生人就会逐渐变得熟悉了。

假如你在车站、码头上与人初识，一时没有话说，这时最简便的办法就是从眼前你与对方同时看到、听到或感到的事物中找出几件来谈。

如果你在朋友家中看到一张女孩子的照片，你就可以和对方谈谈这女孩子的事；如果朋友买了一件新衣服，你就可以和她谈谈衣服的色彩、款式；如果窗台上摆着一个盆景，你就可以谈谈盆景的栽植和装点……凡是这一类眼前的事物，最容易引起人们的注意，也最容易发展成为谈话的热门话题。

如果你参加一个多数都是陌生人的聚会，不妨也利用一下你的观察力。先坐在一旁，眼观六路，耳听八方，对在场的人有一个初步的判断，再确定自己接近的对象，并选择合适的接近方式。

观察之后，就要主动出击了。此时，成功的关键在于找准话题。倘若你不想东谈一点儿西谈一点儿，而想抓住一个主题把它谈得详尽些，那么，你就以一个话题为中心展开。这种谈话，能把话题分解出许多细节，而每个细节都可以用来发展、丰富你们的谈话内容。

一个人的心理状态、精神追求、生活爱好等，都或多或少地在他的表情、服饰、谈吐、举止等方面有所表现，只要你善于观察，就会发现你们的共同点。一个退伍军人与一个陌生人同乘一辆车，位置正好在驾驶员后面。汽车上路后不久就抛锚了，驾驶员车上车下忙了一通还没有修好，这位陌生人建议驾驶员把油路再查一遍，驾驶员将信将疑地去查了一遍，果然找到了故障。

这位退伍军人感到他的这个绝活儿可能是从部队学来的，便试探地问道："你在部队待过吧？"

"嗯，待了六七年。"

"噢，算来咱俩还应算是战友呢！你当兵时部队在哪里……"

于是这一对陌生人就谈了起来，据说后来他们还成了朋友。而这就是在观察对方以后，才发现都当过兵这个共同点的。

当然，通过察言观色发现的东西，还要同自己的情趣、爱好相结合，自己对此也感兴趣，才有可能打破沉寂的气氛。否则，即使发现了共同点，也还是无话可讲，或讲一两句就"卡壳"。

俗话说，"话不投机半句多"。两个素昧平生的人只有在感觉比较投缘的情况下才有可能沟通，而所谓投缘，经常是由于两人之间有一些共同之处。因此，我们可以抓住和陌生人的相似点，表达自己对于巧合的喜悦，给对方造成"志趣相投"的印象，鼓励其冲破互不相识的隔膜，乐意与自己谈话。

说场面话要避免冷场

不善言谈在交际场中很容易陷入尴尬的局面。要想成为社交高手，首先必须掌握善于没话找话说的诀窍。没话找话的关键是要善于找话题，或者根据某事引出话题。因为话题是初步交谈的载体，是深入细谈的基础，是纵情畅谈的开端。没有话题，谈话是很难顺利进行下去的。好话题的标准是：至少有一方熟悉，能谈；大家感兴趣，爱谈；有展开探讨的余地，好谈。

那么，怎么才能找到话题呢？

1. 众人都关心的话题

面对交谈的对象，要选择人家关心的事件为话题，让话题直奔他的兴奋中心。这类话题是他想谈、爱谈、又能谈的，自然就说个不停了。

2. 借用新闻或身边的材料

巧妙地借用彼时、彼地、彼人的某些材料为题，借此引发交谈。有人善于借助对方的姓名、籍贯、年龄、服饰、居室等，即兴引出话题，常常会收到很好的效果。这种方法的优点是灵活自然，就地取材，其关键是要思维敏捷，能作由此及彼的联想。

3. 提问的方式

向河中投块石子，探明水的深浅再前进，就能有把握地过河；与陌生人交谈，先提一些"投石"式的问题，在有了初步了解后再有目的地交谈，便能挥洒自如。如"老兄在哪儿发财"、"您孩子多大了"，等等。

4. 找到共同爱好

问明对方的兴趣，循趣发问，能顺利地进入话题。如对方喜爱足球，便可以此为话题，谈最近的精彩赛事、某球星在场上的表现以及中国队与外国队的差距等，这都可以作为话题而引发对方的谈兴。引发话题，类似"抽线头"、"插路标"，重点在引，目的在导出对方的话茬儿。

5. 搭上关系，由浅入深

孔子说，"道不同，不相为谋"，只有志同道合，才能谈得拢。要想跟陌生人"一见如故"，就要在"故"字上做文章，变"生"为"故"。下面是变"生"为"故"的几个技巧：

（1）适时切入。看准情势，不放过应当说话的机会，适时插入交谈，适时地"自我表现"，让对方充分了解自己。

交谈是双方的，只了解对方，不让对方了解自己，同样难以深谈。陌生人如能从你"切入"式的谈话中获取教益，双方会更亲近。适时切入，能把你的知识主动有效地展示给对方，实际上符合"互补"原则，奠定了"情投意合"的基础。

（2）借用媒介。寻找自己与对方之间的媒介物，以此找出共同语言，缩短双方距离。如见一位陌生人手里拿着一件东西，可问："这是什么……看来你在这方面一定是个行家。正巧我有一个问题想向你请教。"对别人的一切显出浓厚兴趣，通过媒介物表露自我，交谈也会顺利进行。

（3）留有余地。留些空缺让对方接口，使对方感到双方的心是相通的，交谈是和谐的，进而缩短距离。因此，和对方交谈，千万不要把话讲完，把自己的观点讲死，而应虚怀若谷，互相探讨。

掌握好说场面话的时机

有位陈小姐找到了一份在咖啡馆做服务生的工作，没想到第一天上班就被解雇了。原因是她不小心说了一句不该说的话。那天，陈小姐刚一上班，店里就进来3位客人，她随即拿着酒水单让这三位客人点餐，第一位客人点的是冰红茶，第二位客人点的是冰咖啡，第三位客人点的也是冰咖啡，但是，他特别强调要用干净一点的杯子。

很快，陈小姐将3位客人的饮料用盘子端了出来，一边朝他们坐着的方向走，一边大声向3位客人问："你们谁点的冰咖啡是要用干净一点的杯子……"

就因为这句话，老板毫不客气地炒了她的鱿鱼，因为这样说话会被客人误解，认为有的杯子是不干净的，这简直是搬起石头砸自己的脚。

孔子在《论语·季氏》里说："言未及之而言谓之躁，言及之而不言谓之隐，不见颜色而言谓之瞽。"这句话的意思是：不该说话的时候说了，叫做急躁；应该说话的时候却不说，叫做隐瞒。不看对方的脸色变化，贸然信口开河，叫做闭着眼睛瞎说。

这3种毛病都是没有把握说话的时机，没有注意说话的策略和技巧。因为说话是双方的交流，不是一个人的单方面行为，它要受到诸如说话对象、时间、周边环境等因素的限制，所以说话要把握时机。如果该说的时候不说，时境转瞬即逝，便失去了成功的机会。同样地，如不顾说话对象的心态，不注意周边的环境气氛，不到说话的时机却急于抢着说，很可能引起对方的误解，甚至反感。如果信口开河，乱说一通，后果就更加严重了。

战国时，楚王的宠臣安陵君能说会道，很受楚王器重。但他并不是遇事张口就说，而是很讲究说话的时机。他有一位朋友名叫江乙，对他说："您没有一寸土地，又没有至亲骨肉，然而身居高位，享受优厚的俸禄，国人见了您，无不整衣跪拜，无不接受您的号令，为您效劳，这是为什么呢？"

安陵君说："这是大王太抬举我了。不然哪能这样！"

江乙便不无忧虑地指出："用钱财相交的人，钱财一旦用尽，交情也就断了；靠美色相交的人，色衰则情移。因此，狐媚的女子不等卧席磨破，就遭遗弃；得宠的臣子不等车子坐坏，就被驱逐。如今您掌握楚国大权，却没有办法和大王深交，我暗自替您着急，觉得您的处境太危险了。"

安陵君一听，恍然大悟，毕恭毕敬地拜问江乙："既然这样，请先生指点迷津。"江乙说："希望您一定要找个机会对大王说：'愿随大王一起死，以身为大王殉葬。'如果您这样说了，必能长久地保住权位。"

安陵君说："谨依先生之言。"

但是，过了很长时间，安陵君依然没有对楚王提起这话。江乙又去见安陵君，说："我对您说的那些话，您为何至今不对楚王说？既然您不用我的计谋，我就再不管了。"

安陵君急忙回答："我怎敢忘了先生的教诲，只是一时还没有合适的机会。"又过了一段时间，机会终于来了。此时楚王到云梦泽打猎，一箭射死了一头狂怒奔来的野牛。百官和护卫欢声雷动，齐声称赞。楚王也高兴得仰天大笑，说："痛快啊！今天的游猎，寡人何等快活！待寡人万岁千秋之后，你们谁能和我共有今天的快乐呢？"

此时，安陵君抓住机会，泪流满面地走上前来，说："臣进宫就与大王同共一席，出宫与大王同乘一车，如果大王万岁千秋之后，我愿随大王奔赴黄泉，变做芦草为大王阻挡蝼蚁，那便是臣最大的荣幸。"楚王闻言，大受感动，随即正式设坛封他为安陵君，对他更加宠信了。

这件事说明，把握说话时机非常重要，这个过程需要充分的耐心，也需要积极准备，等待条件成熟，但绝不是坐视不动。安陵君的过人之处，便在于他有充分的耐心，等待楚王欢欣而又伤感的那个时刻。此时，动情表白，感人肺腑，愉悦君心，终于受封，保住了长久的荣华富贵。

因此，说话之前要仔细思考，什么时候应该说哪句话，什么时候绝对不能说哪句话。会说话的人与人交谈时就像烹饪高手做菜一样，是非常讲究火候的。只要恰到好处，一句话是完全可以顶一万句的。

场面话也需慎说

说话最忌讳的就是不加思考，脱口而出。

几位年轻的领导干部去慰问一位退休老工人，见面以后问道："您老身子真够硬朗，今年高寿？"

老工人回答说："79岁啦。"

"人生七十古来稀，厂里数您最长寿了吧？"

"哪里，某某活到了84岁呢！""那您老也称得上长寿将军啊！"

"不过，某某去年归天了。"

"那这回可轮到您了。"

谈兴正浓的老工人听到这句话，脸色陡变。毛病就出在那句"这回可轮到您了"。前面老人刚说完"归天"的事，他们却接下去说"轮到您了"，这无疑会让老人产生误会。如果这几位年轻干部能控制好前后话语，把话说成"这回长寿冠军可轮到您了"，也就不会出现不快了。

讲究说话的艺术对于迅速、有效地传递信息，塑造良好的自我形象有着不可忽视的重要作用。如果只贪图一时痛快而无所顾忌地说了不该说的话，则只会给自己造成不必要的麻烦。

乱开玩笑也会惹麻烦。开玩笑本来是人与人之间交往最常见的一种取乐方式，可以活跃气氛，调节情绪，创造一种和谐、轻松的氛围，使你的语言更具魅力。但是，开玩笑必须把握分寸，如果笑料过于庸俗，或开过了头，伤害了人家的自尊和感情，则适得其反。有位钢琴家在某地一家歌舞剧院演奏贝多芬的名曲时，因为天气寒冷，进场的听众不多，剧场内有一半的座位空着，一些来听钢琴演奏的人左顾右盼，心里似乎很不安。这有点出乎钢琴家的意料。为了改变尴尬的局面，这位钢琴家开了一个十分幽默的玩笑，他说："朋友们，我发现一个奇怪的事情，这个城市里的人都很有钱，因为我看到你们每个人都买了两三个座位的票。"听众一听，顿时开心地大笑起来。

由于这位钢琴家的一个玩笑，人们立即活跃起来，使尴尬的局面在哄堂大笑中顿时化解。接着，大家便聚精会神地听他演奏了。

但是，如果开玩笑不掌握分寸，则会造成严重后果。有一次，美国前总统里根到国会参加一个会议。开会前，为了试一试麦克风是否已接通，便信口开了一个玩笑，他说："先生们请注意，5分钟后，我将对苏联进行轰炸。"全场立刻哗然。后来，苏联针对此事提出了强烈抗议，搞得里根很狼狈。由此可见，玩笑过度，将会造成无法挽回的后果。

当然，以上的例子只是有些人难堪罢了，有的时候一句不应该的玩笑话能引出大麻烦。一次美国一家广播电台对外广播说外星人正在袭击地球，所有听到广播的人纷纷出城避难，造成了极大的恐慌。一句玩笑加上现代化的传播手段，不仅造成了财产损失，而且可能导致人身伤亡。

巧借外力说好场面话

在求人办事的时候，许多人会遇到这样的情况：办事的人说，本来这件事情是不行的，不过看在某某的面子上，就替你办了吧。不知道这些人这时候除了欣喜之外，有没有仔细思考过。

美国前国务卿基辛格就是这样一位长于折中之技的人。一次他主动为一位农夫的儿子做媒。他对老农说："我已经为你物色了一位最好的儿媳。"老农回答说："我从来不干涉我儿子的事。"

基辛格说："可这姑娘是罗斯切尔德伯爵（当时欧洲最有名望的银行家）的女儿。"

老农说："嗯，如果是这样的话……"

基辛格又找到罗斯切尔德伯爵说："我为你女儿找了一个万里挑一的好丈夫。"

罗斯切尔德伯爵婉言拒绝道："可我女儿太年轻。"

基辛格说："可这位年轻小伙子是世界银行的副行长。""嗯，如果是这样的话……"

基辛格又找到世界银行行长，说："我给你找了位副行长。""可我们现在不需要再增加一位副行长。"

基辛格说："可你知道吗？这位年轻人是罗斯切尔德伯爵的女婿。"于是世界银行行长欣然同意。

基辛格凭借自己的智慧，巧妙地利用各种外部条件，促成了这桩美满的姻缘，让农夫的穷儿子摇身一变，成了金融寡头的女婿。这完全是基辛格善于"拉大旗做虎皮"的结果。

封建社会的官场中历来有走后门的风俗，所谓"朝中有人好做官"。一封朝廷重臣写的推荐信抵得上别人数年寒窗苦读。清代军机大臣左宗棠有个知己好友的儿子，名叫黄兰阶，在福建候补知县多年也没有得到实缺。他见别人都有大官写推荐信，想到父亲生前与左宗棠很要好，就跑到北京来找左宗棠。谁知道左宗棠从来不给人写推荐信，总是说："一个人只要有本事，自会有人用他。"所以开始的时候左宗棠见了故人之子，还十分客气，但当黄兰阶提出想让他写推荐信给福建总督时，顿时就变了脸，几句话就将黄兰阶打发走了。

一天，黄兰阶四处闲逛，见到一个小店老板学写左宗棠的字体，十分逼真，于是想出一条妙计。他让店主写把扇子，落了款，得意扬扬地摇回福州。

参见总督的时候，黄兰阶手摇纸扇，径直走到总督堂上，总督见了很奇怪，问："外面很热吗？都立秋了，老兄还拿扇子摇个不停。"黄兰阶把扇子一晃："不瞒大帅说，外边天气并不太热，只是我这把扇子是我此次进京，左宗棠大人亲送的，所以舍不得放手。"

总督吃了一惊，心想：不想这姓黄的他有这么大的后台。左宗棠天天跟皇上见面，只消在皇上面前说个一句半句，我可就吃不住了。总督要过黄兰阶的扇子仔细察看，确系左宗棠的笔迹。他将扇子还与黄兰阶，回到后堂找到师爷商论此事，第二天就给黄兰阶挂牌任了知县。

几年时间黄兰阶就升到四品道台。一次总督进京见了左宗棠，讨好地说："宗棠大人故友之子黄兰阶，如今在敝省当了道台了。"左宗棠笑道："是嘛！那次他来找我，我就对他说：'只要有本事，自有识货人。'

老兄就很识才嘛！"

　　从借力的角度，为自己寻求一些贵人作为背景，从而使自己尽快得到提拔，英雄有用武之地，是很值得研究的方法。刘备总是自称皇叔，说开了也只是拉大旗做虎皮，为自己撑门面而已。

　　借自己有权势的亲朋抬高自己的身价，到别人面前讨便宜，实在是棋高一着的点子。即使事情办不成，一般也不会得罪人。所以有些爱慕虚荣之人，无亲戚可借光，就凭空拽一位"名人"冒充亲戚，大演"空城计"，也蒙得了一些人的信任。但此举有招摇撞骗之嫌，场面上说这样的话必须慎之又慎。

场面话不可说得太夸张

　　大智若愚，有学问的人一般不乱讲话。只有那些胸无点墨又爱慕虚荣的人才喜欢信口开河，大发言论。有一句值得大家牢记的名言："宁可把嘴巴闭起来，使人怀疑你是浅薄，也不要一开口就让人证实你的浅薄。"

　　为此，在研究说话艺术时，首先要学会"少说话"。你也许会反驳："既然人人都要学少说话，那么，说话艺术就不必细加研究了。"其实不然，少说话固然是美德，但人们生活在现实社会中，只能"少说"而不能完全不说。既要说话，又要说得又少又好，这才是艺术。说得越多，显得越平庸，说出蠢话或危险话的概率就越大。

马西尔斯是古罗马时代一名战功赫赫的英雄，他以战神科里奥拉努斯的美名而著称于世。公元前454年，马西尔斯打算角逐最高层的执政官以拓展自己的名望，进入政界。

竞逐这个职位的候选人必须在选举初期发表演说，马西尔斯便以自己十多年来为罗马战争留下来的无数伤疤作为开场白。那些伤疤证明了他的勇敢和爱国情操，人们深为感动，几乎每个人都认为他会当选。

投票日来临的前夕，马西尔斯在所有元老和贵族的陪同下，走进了会议厅。当马西尔斯发言时，内容绝大部分是说给那些陪他前来的富人听的。他不但傲慢地宣称自己注定会当选，而且大肆吹嘘自己的战功，甚至还无理地指责对手，还说了一些讨好贵族的无聊笑话。他的第二次演说迅速传遍了罗马，人们纷纷改变了投票意向。马西尔斯落选之后，心怀不甘地重返战场，他发誓要报复那些投票反对他的平民。

几个星期之后，元老院针对一批运抵罗马的物品是否免费发放给百姓这个议题投票，马西尔斯参加了讨论，他认为发放粮食会给城市带来不利的影响，这一议题因而未决。接着他又谴责民主，倡议取消平民代表，将统治权交还给贵族。

马西尔斯的言论激怒了平民，人们成群结队赶到元老院前，要求马西尔斯出来对质，却遭到了他的拒绝。于是全城爆发了暴动，元老院迫于压力，终于投票赞成发放物品，但是，老百姓仍然强烈要求马西尔斯公开道歉，才允许他重返战场。

于是，马西尔斯出现在群众面前。一开始，他的发言缓慢而柔和，然而没过多久，他变得越来越粗鲁，甚至口出恶言，侮辱百姓！他说得越多，百姓就越愤怒，他们的大声抗议中断了他的发言。护民官们一致同意判处他死刑，命令治安长官立即拘捕他，送到塔匹亚岩的顶端丢下去。后来，在贵族的干预下，他被判决终生放逐。人们得知这一消息后，纷纷走上街头欢呼庆祝。

如果马西尔斯不那么多言，也就不会冒犯老百姓，如果在落选后他仍能注意保护自我强大的光环，依然还有机会被推举为执政官。可惜他无法控制自己的言论，最终自食其果。

说话时，既要有实事求是的态度，又要给人谦虚的印象，坦白地承认你对某些事情的无知，这绝不是耻辱。相反，别人会认为你的谈话不虚伪，没有自我吹嘘，这样就能赢得好口碑。用夸张的言辞，装腔作势，说得越多，人们对他的失望也就越大。滥用夸张的言辞是不明智的，在很多时候，说得越多损失就越大。信口开河的人一般都是那些品位不高或知识欠缺的人。当人们发现你言过其实时，常常会觉得他们受到了愚弄，这会严重影响你与他人之间的沟通。

人人都有炫耀的心理，但是如何表现得当，不引起他人反感，则是一种沟通的艺术。当你想要提及自己的优点和辉煌事迹时，应该点到为止，不宜太过，才能使对方认同而不会心生厌恶。懂得说话的人必定会先称赞对方，借由赞美对方，顺便提到自己的长处，这样才不至于让对方觉得你在自吹自擂。自我的渲染和夸张不可能赢得别人的真正赞许。

第七章

与人打交道会说场面话

说场面话的一些技巧

在社交应酬中,常会发生诸如遇到意外情况或事件必须当场回答,会议即兴发言;交谈中突然有人发出质问、挑剔、讥讽、挑衅的话语等情形。如何针对具体情况据理回复,做到圆满周到而无遗漏,恰到好处而无破绽呢?那就要学会说"活话",即说一些内容不确切的、语气不肯定的话。

具体有以下几种技巧:

1. 运用话题转移法

一般情况下,人们在同一思维过程中,使用语言的内涵和外延都应尽量确定,要符合逻辑的同一律,不能任意改变概念的范围。然而,在某些特殊的场合,人们又可以利用言语本身的不确定性和模糊性来"偷换概念",使对话双方话题中的某些概念的本质含义不尽相同,以达到特殊的应酬效果。

当然，我们在运用这种"话题转移术"时应该注意，转移了的话题与原话题有一定的联系。

比如面对谈判僵局，通过巧妙地变换话题，可以改变紧张的谈判氛围，消除谈判双方沟通的障碍，使双方在和谐的谈判气氛中重新讨论有争议的问题，以便达成谈判的目标。

2. 随机应变

记得一位幽默大师曾说过这样一句话："懂得幽默，能说幽默话语的男人是佳男人，长得丑一些是无所谓的。"幽默是一个人内在气质的表现，一个人内在气质的美，胜过外表的美。无论何人，只要充分运用自己的睿智，随机应变，用幽默言辞来缓和窘境，就是一种成功。它能化冲突为喜悦，变危机为幸运；在充满火药味的场合，也可以成为最佳的消化剂，帮助你摆脱困境。

诚然，并不是所有的幽默都可以起到解围的作用，因为在窘境中人们的自尊心极易受到损害，若幽默不当，则不仅不能解围，反而会使人更加受窘。能用幽默解围，其成功的关键在于理解别人的心情，维护别人的尊严。必须使处于窘境中的各方都能够接受，既能迁就别人，又无损于自己。

3. 设身处地，角色认同

设身处地，角色认同，实际上是应酬中经常运用的攻心战术，既拉近彼此间的距离，又使对方迅速进入角色。有人说，世界上最难走的路，是心与心之间的路。其间布满坑坑洼洼，甚至诸多的陷阱。然而，只要用真诚来铺设，这条路将会与柏油路一样，平坦光滑，畅通无阻。

在窘境中,应不卑不亢,设身处地,与对方取得"角色认同",从而摆脱窘境。善于运用此类攻心战术,往往能赢得温情款款,暖意融融。

4. 佯装不懂,顾左右而言他

如他人之语使你处于不利地位,在某些情况下,可以佯装不懂,顾左右而言他。比如别人给你暗示,将你推入两难之境,对你的工作和社交活动产生不良影响,此时你最好佯装听不懂,或岔开话题。

在日常生活中,常常会遇到有些人用暗示的方法跟你过不去,甚至指鸡骂狗。假如这时候你表现得冰雪聪明,一点就透,势必造成针锋相对的局面,挑起事端,后果实在难以设想。如果你对这种暗示佯装听不懂,那些人就无所施其技了。

5. 以柔克刚,曲径通幽

"锣不打不响,理不辩不明",这是一句流行甚广的俗语,但不是一个"放之四海而皆准"的真理。有时,无谓的辩解和争吵,不仅不能解决矛盾,而且可能导致两败俱伤的恶果,这样,倒不如以柔克刚,从而达到友好相处的目的。

但是,身处逆境、以柔克刚也要注意对某些情况有所估计:看对方的要求是否超出自身的承受能力,不能牺牲太多去博取对方的欢心。

说活话,其实就是敷衍,但敷衍比伤和气好。

敷衍是一种无奈,是不得已而为之,但有时它确实是一种处世策略。不善此道,你就可能惹上一身烦恼,得罪一些人或被一些无关的小事缠得误了大事。敷衍是社交主旋律中不可少的一个音符,敷衍是人际关系大棋盘上的马和炮，是时刻都用得着的常规武器。

何谓"敷衍"？《现代汉语词典》中说："做事不负责或待人不恳切，只做表面上的应付。"有时，这种"应付"往往不仅是应该的，而且简直是必须的，无可抱怨和指责。比如，你在上班的路上遇到一位关系尚可的"神聊大王"，碍于面子，不能不搭理，但是，又怕被"勃"上，聊起来没完没了。你就得一边走、一边敷衍他，千万不可停步，不可"恳切"，否则，一定会迟到。

敷衍，几乎无禁区，对上级、对同事、对下级、对朋友、对亲人均可施之，因此，我们也理所当然受到这种人或那种人的敷衍。只要是省时间、省口舌，无损于感情，当对其敷衍时就敷衍之。敷衍是消极之举，其结果却可能是积极的。当然了，不该敷衍则万万敷衍不得：你是检察官，绝不可以对举报人敷衍；你是医生，绝不可以对患者敷衍。

总而言之，敷衍和被敷衍都是正常的生活现象，我们不能以"一律"的态度对待，而应以现实的眼光，区别观察，继而作出相应的不同判断。该敷衍就大胆地敷衍，该受敷衍便喜滋滋地受敷衍，也不应有何怨恨。

在我们因各种原因不想帮人时，应巧妙地敷衍他人，避免求助不成造成的情感危险，使求助者虽空手出门却能心和气顺。

对面子大、根子硬的求助者，不妨以攻为守来敷衍。

有的求人者，来头大，直来直去地拒绝，会使他感到"丢面子"，日后可能会找你的麻烦。以攻为守是拒绝这些人的一个良策。

有个个体户陈某听说工商局局长的儿子要向他借一大笔钱。他知道这钱如果出手，就有可能是肉包子打狗——有去无回，但又不想得罪这位"官二代"于是他灵机一动，在工商局局长的儿子刚一进家门时，就立刻说:"你来得正好,我正想找你去呢。这两天可把我急坏了,有一批货非常便宜,可人家非得要求一口吞,我怎么也凑不齐这笔资金,正想找你去借几万呢。"对方一听这话就懊悔自己今天是到和尚庙借梳子——走错门了,便随便聊几句就走人了。对一些没有实交的求助者,可用拖延时间来敷衍。

贾某和甄某生意上有来往,但没有实交。当甄某提出要向贾某借一笔钱时,贾某犯了难:借吧,怕担风险;不借吧,又怕得罪这个用户。

思忖再三,最后他说:"你有难处时,找到我,这是瞧得起我。不过,这几天我手头很紧,刚刚装修完房子,花了五六万,又进了一大批货,把所有的钱都用上了,又贷了两万,你看,贷款条子还在我口袋里装着呢。这样吧,你先等几天,等我的货出手后,我一定借给你。"这样贾某用好言好语送走了客人,以后他可以一拖再拖,不了了之。

用暗示来求人的,就可用暗示来敷衍。

有些求人的人,由于种种原因,不好意思直接开口,喜欢用暗示来投石问路,这时你最好也用暗示来拒绝。

总之,用适当的敷衍解决生活中遇到的难题不失为一个好办法。

尝试不同以往的说话方式

为什么使用同一种语言的人,有"会说话"与"不会说话"这样的区别呢?这里面的道理在于语言是灵活的,同样的意思可以用不同方式的词句来表达。所谓"说者无心，听者有意"，说话的人可能感觉不到不同的说话方式对于自己有什么差异，但是对于听的人会有不同的感觉。同一事物，从不同的角度观察认识，其感官认知的结果也不相同。每个人都有自己的思维方式和说话习惯，时间久了，其中必然掺杂不少可能导致不良结果的说话方式和内容。但语言惰性形成以后很难改变，而一旦作出改变，换一种不同以往的说话方式，可能新的结果会令人有一个意想不到的惊喜。

某城市有一条著名的"情人街"，每到周末，就有许多青年男女伫立街头，等待与情侣相会。这条街上有两个擦鞋的小男孩，他们高声叫喊着以招徕顾客。其中一个说："请坐，我为您擦擦皮鞋吧，又光又亮。"另一个却说："约会前，请先擦一下皮鞋吧。"

结果，前一个男孩摊位前的顾客寥寥无几，而后一个男孩的喊声却收到了意想不到的效果，一个个青年男女都纷纷让他擦鞋。这里面的原因究竟是什么呢？原来第一个男孩的话，尽管礼貌、热情，并且附带着质量上的保证，但这与此刻青年男女们的心理差距甚远。因为在黄昏时刻，显然没有多少必要破费钱财去把鞋擦得"又光又亮"。人们从这里听出的印象是"为擦鞋而擦鞋"的意思。而第二个男孩的话就与此刻男女青年们的心理非常吻合。"月上柳梢头，人约黄昏后"，谁不愿意在这充满温情的时刻以干干净净、大大方方的形象出现在自己心爱的人面前？一句"约会前，请先擦一下皮鞋"真是说到了青年男女的心坎上。可见，这位聪明的男孩，正是传送着"为约会而擦鞋"的温情爱意。

一句"为约会而擦鞋"一下子抓住了顾客的心，因而大获成功。从以上分析中应该受到启发：研究心理，察言观色，得到准确的无形信息才能找到最恰当的说话切入点。说话的角度不同，得到的结果也会不同，所以说，动口之前一定要先想一想从哪个角度说才能达到理想的效果。

有的时候，说话的方式不同更可能与人的性命相关。最著名的是清末名臣曾国藩，他在打了败仗以后给慈禧太后上奏折作汇报，奏折中有"屡败屡战，屡战屡败"一语，被师爷发现后改为"屡战屡败，屡败屡战"。对于曾国藩来说两种说法都是事实，均无不可。但是前者会让慈禧太后感觉曾国藩作战无能，而后者则会让慈禧太后感觉曾国藩坚强不屈。两种说法后果大为不同。幸好曾国藩只是写的奏折，方便改动，如果是当面汇报，恐怕早已性命不保。

美国著名作家马克·吐温也是说话的高手。在一次酒会上答记者问时，他说："美国国会中有些议员是狗娘养的。"记者立刻通过报纸报道了这句话。华盛顿议员们大为愤怒。纷纷要求马克·吐温道歉并予以澄清，否则就将以法律手段控告他。过了几天，《纽约时报》上果然刊登了马克·吐温致联邦议员们的道歉启事："我考虑再三，觉得此话不恰当，而且也不符合事实，故特此登报声明，把我的话修改如下：美国国会议员中有些议员不是狗娘养的。"马克·吐温巧妙地运用不同的说话方式，不仅再一次羞辱了政客们，而且保持了作家的尊严。

看准场合多说场面话

"牛皮吹破天"是一句贬损人的话，是说一个人光会吹牛皮，什么本事也没有。

但是若能"吹牛不破天",事情就会是另外一个样子了。世界著名的企业改革家美国的艾科卡,曾经被先后任命为美国汽车企业巨头福特公司和克莱斯勒公司的总裁,他有一句著名的话就是:"我不要当总统。"这并不是因为他胆气不够,而是因为他自己的最擅长之处是在经商,而非从政,他能避开自己的弱点而发挥自己的特长。这种扬长避短的做法便是"吹牛不破天"的重要本领,但这首先要有类似吹牛的胆气。被誉为经营之神的日本松下幸之助说:"一个连说话都没有底气吹牛的人能干成什么事呢?"

"吹牛"从本质上说并不是什么坏事,它是一个人充满自信的语言表达,也就是说话底气足,不含糊,什么"说话掷地有声",什么"拍着胸脯指天发誓",等等,从广义上看来,都是一种"吹牛"现象。其实,任何一个人,当他长大成人步入社会之后,就不可避免地会有自己说话的机会,这说话当然就是表达自己的看法或心思,一说话往往可能给人以两种表现,要么是"牛",要么是"蔫",除此不会有第三种骑墙的表现,所谓"实话实说"的"本真"表达,要么口气较硬归于"牛",要么口气疲软归于"蔫",不可能有别的归类。

那么人们究竟是喜欢"牛"还是喜欢"蔫"呢?一定是向"牛"的一方偏倒。因为人们普遍把"蔫"看作"没出息",而谁也不希望做那个"没出息"的人。与此相反,"有出息"的人又因沾上了一个"牛"字而不太被人认同,于是就出现了一个新词语——"强者",毋庸讳言,人人都喜欢做一个"强者"。但究其实质,"强者"就是"牛者",就是说话底气十足的那一种人。说他们是"吹牛"者毫不为过。

历史上有个著名的"吹牛"者是号称"智圣"的东方朔，就是汉武帝刘彻手下那个著名的"滑稽大王"，当然也是汉武帝手下的大臣。他是当时的齐国人。武帝刘彻即位之初，下诏征求人才，准备破格录用，东方朔借此上书刘彻，炫耀自己的才能。东方朔从齐国来到首都长安向刘彻写信吹嘘说：

"我今年22岁，身长9尺，目若悬珠，齿若编贝……我从10岁开始读书，只用了3个冬天读了22万字的书，16岁学会了《诗》、《书》……我勇若孟贲，能生擒活虎，手拔牛角；捷若庆忌，筋骨果劲，万人莫敌，而身手矫捷如雷霆……我品德高尚，廉若鲍叔，宁樵拾橡维生而不贪非分之金银；信若尾生，践约守候友人不弃而宁愿自死……以我之所有这一切，自可当得皇上的大臣了。"

刘彻恰好是好大喜功的君主，他不但没有责怪东方朔的"吹牛"信件，反而赞赏他有如此的勇气，于是给他授予了一个薪俸低廉的小官，让他等待下一步的诏令。可是一等许久，再无下文，东方朔就想办法要见皇帝本人。刚好他看见一些在宫廷里专事服侍的身材矮小的侏儒们，便吓唬他们说："皇帝说你们这些侏儒，耕不得田，做不得官，打不得仗，一点用处都没有，徒然耗费粮食，已决定把你们全部处死，你们还不去求皇帝饶命啊！"侏儒们吓得哭哭啼啼，纷纷跪在皇帝面前请求饶命。刘彻问清了缘由，便把东方朔叫去问道："你为何要吓唬侏儒们？"东方朔说："皇上呀，你叫我活我要说，你叫我死我也要说，侏儒们只有3尺高，俸禄是一布袋谷子，240钱，我东方朔身有9尺高，俸禄也是一布袋谷子，240钱。侏儒们吃饱了撑的要死，我却不够吃饿得要死，这太不公平了。我如果有用，皇上留下我，给我个大官，我如果没用，皇上让我走，免得在这里浪费了长安的粮食。"

武帝刘彻一听大笑说："哈哈，你吹牛不破天，有真本事，是锥子终能脱颖而出，朕授你为常侍郎，薪 600 石。"

汉武帝赞扬东方朔的"吹牛不破天"，就是说东方朔有真本事，他虽然自我吹嘘，言过其实也就不是过错了。

敢于"吹牛"的还有刘彻的祖父，汉高祖刘邦。刘邦起事之前才是一个小小的亭长，连官位的品级都够不上，但他却从不把县里的官吏放在眼中。碰巧，有一位山东吕公来到老熟人江苏沛县县令家里做客。县令设宴欢迎吕公，由县吏萧何收受贺礼。因为贺客太多，萧何便说："凡是赠礼金不满 1000 钱的，请坐堂下，凡贺钱超过 1000 钱者，请上堂来。"

当时刘邦还是穷途潦倒的亭长，连喝酒都要赊账，哪里有钱来做贺礼。但他拿来一张白纸，上写"刘邦贺礼 1 万钱"，直闯堂上交给了萧何。萧何早就知道刘邦是个"牛皮"客，没想到他竟敢拿着一张白纸条当做"1 万钱"，马上觉得他气势非凡，于是明明知道刘邦是一文不名，却把他推荐给了贵客吕公。

吕公也看出刘邦气度非凡，马上把自己的女儿吕雉许配给刘邦做妻子。后来，吕公的妻子打听到刘邦不过是一个亭长，所以想赖掉这宗婚姻。吕公独具慧眼，说："敢以白条抵万钱的人绝非等闲之辈！"于是坚持把女儿嫁给了刘邦。以后刘邦成了汉高祖，他的发妻皇后吕雉正是吕公的女儿。那个当年的沛县县吏萧何便成了刘邦汉朝的第一个宰相。吕公、萧何都是信奉了刘邦的"吹牛"大话的成功者。刘邦其所以"吹牛不破天"，也就是因为他有真本事，从一介草民而成就了帝王之业。在现实生活中，这种例子不胜枚举。无论是打仗、经商，或是工作，上级对任何一个下属布置任务,他都决不希望得到绵软无力或是模棱两可的回答,而希望得到斩钉截铁地肯定回答,这便是人们普遍喜欢"吹牛不破天"精神状态的重要标志。

人情世故场面话多多益善

有两个卖豆腐的,老王和老李,两个人年龄差不多,吆喝的腔调一样,都是尾部带着悠长的余韵,但两人的生意却不一样,老王的生意比老李的好得多。开始时大家都觉得奇怪,一样白嫩的豆腐,都是给很足的秤,这是为什么呢?后来,人们逐渐发现了其中的奥秘。原来,同样是卖豆腐,老王比老李多说一句话。比如张大妈去买豆腐,老王会边称豆腐边问:"身体还好吧?"如果跑运输的赵师傅去买,老王会说:"活儿多吧?"话语里透着理解和关心。时间久了,大家都把老王当成了朋友,即使不需要豆腐,听到他的吆喝,也要买一点放在冰箱里,就为了听一句充满温馨的问候。老李后来因生意清淡,无奈只好改行了。像卖豆腐的老王那样主动与顾客说一句话,进行感情交流,达到心灵沟通,让客户感到不是在向他们推销业务,而是在关心他、想着他,要为人提供方便。这样客户才会认可他的产品和服务。

卖豆腐的小生意是如此,大生意也是如此。

乔·吉拉德被誉为世界上最伟大的推销员,他在 15 年中卖出 13001 辆汽车,并创下一年卖出 1425 辆(平均每天 4 辆)的纪录,这个成绩被收入《吉尼斯世界纪录大全》。那么你想知道他推销的秘密吗？他讲过这样一个故事：

记得曾经有一次，一位中年妇女走进我的展销室，她说想在这儿看看车打发一会儿时间。闲谈中，她告诉我她想买一辆白色的福特车，就像她表姐开的那辆，但对面福特车行的推销员让她过一小时后再去，所以她就先来这儿看看。她还说这是她送给自己的生日礼物："今天是我55岁的生日。"

"生日快乐！夫人。"我一边说，一边请她进来随便看看，接着出去交代了一下，然后回来对她说，"夫人，您喜欢白色车，既然您现在有时间，我给您介绍一下我们的双门轿车也是白色的"。

我们正谈着，女秘书走了进来，递给我一打玫瑰花。我把花送给那位妇女："祝您长寿，尊敬的夫人。"

显然她很受感动，眼眶都湿了。"已经很久没有人给我送礼物了。"她说，"刚才那位福特推销员一定是看我开了部旧车，以为我买不起新车，我刚要看车他却说要去收一笔款，于是我就上这儿来等他。其实我只是想要一辆白色车而已，只不过表姐的车是福特，我也想买福特。现在想想，不买福特也可以"。

最后她在我这儿买走了一辆雪佛兰，并写了张全额支票，其实从头到尾我的言语中都没有劝她放弃福特的话。只是因为她在这里感觉受到了重视，才放弃了原来的打算，转而选择了我的产品。

肯定许多推销员学过诸如推销经典之类的课程，但是他们却没有成功，因为生活是多彩的，顾客是多样的，销售方法也同样是多种的，与顾客联络感情促进公共关系的提升是一个伟大推销员带来的最大财富。

要记住，能带来利益的人都是朋友，而不是敌人，所以做事要学会为人处事，把每个人都变为朋友而不是对手。

顺水推舟的场面话

俗话说"王婆卖瓜，自卖自夸"，销售者总是尽力推销自己的产品，如果产品有些许瑕疵，就会向顾客隐瞒。而顾客当然愿意销售者能够向他们诚实地介绍，虽然产品可能有缺憾，但是消费者会认为他们了解真实的情况，还是物有所值的。有一位既平凡又普通的店员，突然对他长期以来强装笑脸、编造假话、吹嘘商品等招徕顾客的做法感到十分厌恶，他觉得这是一种痛苦的束缚，而且并没有给他的销售带来什么突出的业绩。所以他下定决心此后要向顾客"讲真话"，以童叟无欺的态度面对顾客，即使被解雇也在所不惜。

这天，当第一个顾客进来询问有没有一种可折叠、调节高度的桌子时，他随即搬来了样品，如实地向顾客介绍了产品的结构状况："坦白地说，这种桌子不怎么好，我们常常接到退货。"

"啊！"顾客说，"可是到处都看得到这种桌子，我以为它挺实用的"。"也许吧！"店员说，"不过据我看，这种桌子不见得能升降自如，虽然它的款式新颖，但在结构上有些问题，我实在不想向您隐瞒它的缺点"。

"结构上有问题？"顾客追问了一句。

"是的，它的结构过于复杂、精巧，结果反而不够简便。"店员走近桌子，用脚去踩踏板，店员一脚狠狠地踏下去，只见桌面突然往上撑起，碰到了那个人的下巴。"对不起，我不是故意的。"

顾客笑了，脸上甚至还现出喜悦的神色。"很好。"他说，"不过，我还得仔细看看"。

"不错，买东西不精心挑选，很容易吃亏的。你看这桌子的木料并非上乘，而且贴面胶合得很差，劝你还是别买的好。"

"好极了。"顾客十分兴奋，而且还出乎意料地想买下这张桌子，并且要求马上取货。

顾客走后，这位店员立即受到上司的训斥，并被告知他被"炒鱿鱼"了。

于是，这位店员开始动手整理东西，准备办理离职手续。这时，突然来了一群人，争相要看这种桌子，并说他们是刚才那位买桌子的人介绍来的。这样一下子就卖出了50张桌子，完成了一笔大买卖。此事惊动经理后，店员不仅没被辞退，经理还主动给他加薪，并把他如实介绍商品状况的做法介绍给其他同仁，要求其他店员仿效。

发生在这个店员身上的事，表面上看似乎偶然，但实质上却包含着必然性。他的做法正是诚信的具体表现，在惯于"王婆卖瓜，自卖自夸"，甚至是对弄虚作假习以为常的情况下，他的诚实作风确实令人耳目一新。

美国一家钢铁公司的办公室一直是租赁的，后来总经理卡里打算买一栋房子作办公室，于是他请来美国著名的房地产经纪人约瑟夫·戴尔，打算让戴尔给他物色一栋房子。

戴尔打算让卡里买下钢铁公司本来用着的那幢旧楼房，但是卡里立刻对此建议表示反对，说是希望买下隔壁那幢比较时髦的新楼房。并且据他说，有些同事也竭力想买那座房子。

戴尔并不申辩，他只是认真地倾听着，脑子中飞快地思考着，究竟卡里的意思是想要怎样呢，卡里始终坚决地反对买那所旧房子，这正如一个律师在论证自己的辩护，然而他对那所房子的木料、建筑结构所下的拒绝，以及他反对的理由，都是些琐碎的地方。显然可以看出，这并不是出于卡里的意见，而是出自那些主张买另一栋那幢新房子的职员的意见。

约瑟夫听着听着，心里也明白了八九分，知道卡里说的并不是真心话，他心里其实是想买的，嘴上却是竭力反对他们已经占据着那所旧房子。

由于约瑟夫一言不发地静静坐在那里听，没有反驳他，卡里也就停下来不讲了。于是，他们俩都沉寂地坐着，向窗外望去。

这时候，戴尔连眼皮也不眨一下，非常沉静地说："先生，您初来纽约的时候，你的办公室在哪里？"

卡里沉默了一会儿才说："什么意思？就在这所房子里。"戴尔等了一会儿，又问："钢铁公司在哪里成立的？"

卡里又沉默了一会儿才答道："也是这里，就在我们此刻所坐的办公室里诞生的。"

戴尔不再问什么，就这样过了5分钟，两个人默默地坐着，眺望着窗外。终于，卡里以带兴奋的腔调对我说："我的职员们差不多都主张搬出这座房子，然而这是我们的发祥地呀，我们差不多可以说都是在这里诞生的、成长的。这里实在是我们应该永远长驻下去的地方呀！"并没有利用欺骗或华而不实的推销术，也不炫耀许多精美的图表，这位经纪人居然就这样完成了他的工作。原来约瑟夫·戴尔经过集中全部精神考察卡里心中的想法，并根据考察的结果，很巧妙地刺激了卡里的隐衷，使其内心的想法完全暴露出来。

场面话能缓和尴尬的气氛

有时，人难免因一时糊涂做一些不适当的事。遇到这种情况，就需要把握住指责别人的分寸：既要指出对方的错误，又要保留对方的面子。这种情况下，如果分寸把握得不适当，或者会使对方很难堪，破坏了交往的气氛和基础，并带来一系列严重的后果；或者让对方占"便宜"的愿望得逞，给自己造成不必要的损失。

现实生活中，人们普遍存在着吃软不吃硬的心态。特别是性格刚烈、很有主见的人，你如果说"硬"话，比如以命令的口吻，对方不但会不理睬，说不定比你更硬；你如果来"软"的，对方反倒产生同情心，纵使自己为难，也会顺从你的要求。恳求就属于"软"话的一种。有很多时候，你要想说服人，说软话要比说硬话效果好得多。然而恳求并不是低三下四的哀求，而是一种"智斗"，是一种心理交锋。通过恳求的语言启发、开导，暗示对方并使对方按你的意思行事。

恰如其分地讨好场面话

自古有这样一种现象颇值得探究：

那些本无德无才无貌者，竟能纷纷跻身宦海、飞黄腾达，甚至掌管中枢，势倾天下，为何？

难道他们有什么魔法，会让那些掌权者迷乱？难道他们藏有什么秘籍，具有降服掌权者的绝招儿？

非也！他们什么也没有！

他们只会拍马！

"拍马"的本意尽管有多种版本，但共同的一点就是，在马作为最通用、最时尚的交通工具和主人身份的象征的年代就开始流行了。为了讨主人的好，而不引起主人的尴尬和不快，就拍拍主人骑的马屁股，称赞一番马，说一些诸如"真是一匹难得的好马，能骑这样好的马的主人，才是最尊贵的"。如此"拍马"，拍时顺手，说着顺口，听者顺耳，大家都在自然而然的气氛中，完成了口头人情的发送和接收。不需要密码，比现代人发"E-mail"省事、直接多了。

显然，"拍马"并不是拉人情，真正的人情交易还在后头。同样，"拍马"也是因势而拍，并非见马必拍。那能骑高头大马者，肯定非等闲之辈，不是达官，即为贵人，势小不了，一时也倒不了，所以，拍其马者众；那勉力养瘦马致远者，牵老马力田者，无马只有驴和牛者，谁还会去拍呢？

"拍马"既能保住面子，又容易得势，所以，至今，"拍马"的队伍依然那样雄壮，那样庞大，那样有"文化品位"。

清朝刊印二十四史时，乾隆非常重视，常常亲自校核，每校出一件差错来，觉得是做了一件了不起的事，心中很是痛快。

和珅和其他大臣，为了迎合乾隆的这种心理，就在抄写给乾隆看的书稿中，故意于明显的地方抄错几个字，以便让乾隆校正。这是一个奇妙的方法，这样做显示出乾隆学问深比当面奉承他学问深，能收到更好的效果。皇帝改定的书稿，别人就不能再动了，但乾隆也有改不到的地方，于是，这些错误就传了下来，今天见到的殿版书中常有讹处，有不少就是这样形成的。

和珅工于心计，头脑机敏，善于捕捉乾隆的心理，总是选取恰当的方式，博取乾隆的欢心。他还对乾隆的性情喜好，生活习惯，进行细心观察和深入研究，尤其是对乾隆的脾气、爱憎等了如指掌。往往是乾隆想要什么，不等乾隆开口，他就想到了，有些乾隆未考虑到的，他也安排得很好，因此，他很受乾隆的宠爱。和珅拍马屁高在两点：一是知己知彼，每拍即中；二是让对方浑然不觉却全身舒坦，因为他做得无声无息，不着痕迹。

其实，和珅虽然出身低贱，但精通人情规则，他知道自己"无他技能"，既不能凭才学，更无高贵的血统，只能"谨身以媚上"，达到富贵的目的。从巧做人情入手，以人格和尊严的最大贬损为代价，以异乎寻常的屈从和受辱衬托对方的无比高贵和威严，显示出一种似乎无可比拟的至忠至诚，使肉体上无比舒畅，精神上有莫大的快慰，心理上完完全全满足，从而换得极其丰厚的回报。

充满人情味的场面话

请求同事办事,要把握好恰当的时机,对方时间宽裕,心情舒畅时,请求他做点事得到答应的可能性很大;相反,对方心境不佳时,你的请求可能只会令他心烦;对方正忙于某项事情时,你提出请求一般很难得到确定的答复。因此要适应对方心理的需求而提出诚恳的请求,利用情义打动同事,这是你办事取得成功的一个很重要的办法。

某机关接到上级分配的植树任务,机关几十名同志都主动承担一些任务,却有几位"老调皮"任凭主任怎么在政治上动员都不愿认领任务,搞得主任很难堪。下班后主任把这几位"老调皮"叫到办公室,轻声地说:"我只讲最后一遍,我现在很为难,请你们帮个忙。"奇怪,刚才态度很强硬的几个"捣蛋鬼"听了这句语重心长的话,纷纷表示:"主任,我们不会让你为难了!"说完立即回去认领了自己那份任务。一句充满人情味的请求话,比通盘大道理更有说服力,看来人还是比较重情义的。主任用请求的话打动了他们,让这几位"老调皮"觉得:主任看得起咱,怎么能不给面子呢?

托同事办事也是一样,求同事办事时态度一定要诚恳,要动之以情,晓之以理。需将事情的前因后果、利害关系说得清清楚楚;要说明为什么自己不办或办不了而去找他办。总之,由于同事对你了解得十分清楚,知根知底,因此托同事办事,态度越诚恳越好。

你的态度越诚恳,同事也就越不可能拒绝你。另外托同事办的事,一般还应有一个明确的目标,成则成,不成则不成,这样的话同事也比较有的放矢。不要托同事办一些目的不明确、比较笼统的事。应该托同事办一些难度不大、目标明确、效果显著的事，也有利于你向他致谢。

同事之间，关系微妙，个性相差很大；同事之间，只有以诚相交，才有可能在关键时帮得上你。

人的个性千差万别，有的含蓄、深沉，有的活泼、随和，有的坦率、耿直。含蓄、深沉者可以表现出朴实、端庄的美；活泼、随和者可以表现出热诚、活泼的美；坦率、耿直者也有透明、纯真之美。在各种美的个性之中，有一种共同的品性，那就是真诚。

真诚的基本要求是不说谎，不欺骗对方。但在复杂的社会和人生活动中，目的和手段要有一定的区别。医生为了减轻病人的痛苦，以利于治病救人，往往向病人隐瞒病情，编造一套谎话给病人，这样才能使病人配合治疗，早日康复。它表现得不是一种虚伪，而是更高、更深层的友谊。

情和义是一种真诚，同事相交需要真诚！

日本大企业家小池曾说过："做人就像做生意一样，第一要诀就是诚实。诚实就像树木的根，如果没有根，树木就别想有生命了。"

这段话也可以说概括了小池成功的经验。

小池出身贫寒，20岁时就替一家机器公司当推销员。有一个时期，他推销机器非常顺利，半个月内就跟33位顾客做成了生意。之后，他发现他们卖的机器比别的公司生产的同样性能的机器昂贵。他想，同他订约的客户如果知道了，一定会对他的信用产生怀疑。于是深感不安的小池立即带着订约书和订金，整整花了3天的时间，逐门逐户地去找客户。然后老老实实地向客户说明，他所卖的机器比别家的机器昂贵，为此请他们废弃契约。

这种诚实的做法使每个订户都深受感动。结果，33人中没有一个与小池废约，反而加深了对小池的信赖和敬佩。诚实真是具有惊人的魔力，它像磁石一般具有强大的吸引力。此后，人们就像小铁片被磁石吸引似的，纷纷前来他的店购买东西或向他订购机器，这样没过多久，小池就成为"财源达三江"的人了。

求人需"厚着脸皮"说场面话

既然是求人，不可能你说什么人家听什么，难免有驳你面子的时候，这时候就需要一点厚脸皮。

有这么一位朋友，去找别人办事，拿出一条名牌烟来递给对方，对方拒绝了，他便一下子失去了托他办事的信心。这样是不行的，这样的心态什么事也办不成。俗话说，张口三分利，不给也够本，见硬就退是求人办事的大忌。有道是人在屋檐下，不得不低头，想当乞丐又不想张口，有几个这样的人，愿意主动地把好处让给你？要是真有那样的事倒要好好地研究一下他的动机了。所以我们说，要想求人应该有张厚脸皮。如上例所说，对方不要你的烟，可能是因为怕你找他去办事，所以才拒绝的。但话说回来，你应该这样想才对，对方不要你的烟，并不等于他不为你去办事，尽管他用这种办法让你求他的念头降了温，但俗话说，让到是礼，你同他却一直是处在同一个高度上讲话。虽说求人三分短，但刘备尚能三顾茅庐，你比刘备如何？更何况不图二分利，不起大五更。

如果你决定求人，对方一时不能合作，你不妨一而再、再而三，反复申请、反复渲染、反复强调，那么就一定会精诚所至，金石为开的。

宋朝赵普曾做过太祖、太宗两朝皇帝的宰相，他是个性格坚韧的人。在辅佐朝政时自己认定的事情，就是与皇帝意见相悖，也敢于反复地坚持。有一次赵普向宋太祖推荐一位官吏，太祖没有允诺。赵普没有灰心，第二天临朝又向太祖提出这项人事任命事项，请太祖裁定，太祖还是没有答应。赵普仍不死心，第三天又提出来。

连续两天接连三次反复地提，同僚也都吃惊，赵普何以脸皮这般厚。太祖这次动了气，将奏折当场撕碎扔在了地上。

但赵普自有他的做法，他默默无言地将那些撕碎的纸片一一拾起，回家后再仔细粘好。第四天上朝，话也不说，将粘好的奏折举过头顶立在太祖面前不动。太祖为其所感动，长叹一声，只好准奏。

赵普还有类似的故事。

某位官吏按政绩已该晋职，身为宰相的赵普上奏提出，但因太祖平常就不喜欢这个人，所以对赵普的奏折又不予理睬。

但赵普出于公心，不计皇上的好恶，前番那种韧性的表现又重复起来。太祖拗他不过，不得不勉强同意了。

太祖又问："若我不同意，这次你会怎样？"

赵普面不改色："有过必罚，有功必赏，这是一条古训，不能改变的原则，皇帝不该以自己的好恶而无视这个原则。"

也就是说，您虽贵为天子，也不能用个人感情处理刑、罚、褒、赏的问题。这话显然冲撞了宋太祖，太祖一怒之下拂袖而去。

赵普紧跟在后面，到后宫皇帝入寝的门外站着，垂首低头，良久不动,下决心皇帝不出来他就不走了。据说太祖很为感动。

另外,平常说话办事中还有一种较好的办法,叫"泡蘑菇",也属这个范畴。就是不管对方答应不答应,采取不软不硬的蘑菇战术,不达目的誓不罢休。即不怕对方不高兴,在保证对方不发怒的前提下,让对方在无可奈何中答应自己的要求。但使用这种方法要适度,就是说想"泡蘑菇",不仅要能"泡",还要会"泡"。换言之,"泡",不是消极地耗时间,也不是硬和人家耍无赖,而是要善于采取积极的行动影响对方、感化对方,促进事态向好的方向转化。

某市保险公司张科长到一个乡开展保险业务,因群众对保险工作性质不了解、怕吃亏,不愿参加,其中村主任最为固执。张科长决心攻下这个堡垒,他天天跑几十里地去向他们宣传、动员,村主任怕见他,就躲着走。

一次听说村主任到几十里外的邻县亲戚家帮助盖房,他骑车追了去,车子一放,袖子一挽就干活儿。干完活儿还和村长磨。

为了找一个长谈的时机,张科长干脆天不亮就起床,冒雨赶到村里,在村主任家门外一站就是两个钟头,村主任起床开门时愣住了,见张科长淋得像个水鸡,便一把将他拉进屋里说:"张科长,你就别'泡'了,我们参加还不成吗?你这种精神头,就是'上帝'也得举手投降!"

村主任这个堡垒一攻破,这个村参加保险工作的局面就打开了。

俗话说:"人心都是肉长的。"不管双方认识距离有多大,只要你善于用行动证明你的诚意,就会促使对方去思索,进而理解你的苦心,从固执的框子里跳出来,那时你就将"泡"出希望了。

但需说明的是,"厚脸皮"绝不是不要脸,所以不管"泡"也好,还是"厚"也好,都要有度,度是办事成功的标尺。

第八章

朋友之间要巧说场面话

将场面话说到朋友的心坎里

在漫长的人生旅程中,人要与周围环境中的各种事物打交道。但是,在所有的生活经历中,最耐人寻味的还是人与人的关系,而其中最广泛的关系要数朋友关系了。人生在世,离不开朋友,少不了朋友的友谊。哲学家培根曾说过:"得不到友谊的人将是终生可怜的孤独者。"因为多一个朋友,等于增加了一种信息源,多了一个保护层,多了一条生活之路、事业之路、快乐之路。人生没有朋友,就像天上没有太阳。纯真的友谊不仅能使人获得上进的勇气,还能感到生活的欢乐。然而友情不同于亲情、爱情,亲情是天然的,有永恒的血缘纽带维系;爱情虽是后天的,但可以用家庭来巩固;友情则是无根而生,朋友之间没有共同的利益,只有相同的善意。古人云:"人生得一知己足矣。"在漫漫的人生旅途中,拥有几位相知的朋友,会减少许多寂寞,增添许多快乐。礼物是你送我一份、我给你一份,我们每个人都有一份,而友情则是你给我一份、我给你一份,我们每个人都有两份。当然,想要维持良好的朋友关系，你一定要注意与朋友沟通时语言交谈的方式，这样可以避免无谓的争端。

世间没有十全十美的人，凡人皆有其长处，也难免有短处。在语言沟通中，你要极力避免说别人的短处，否则不仅使别人的尊严受到损害，而且还会显示你人格的低下。

第一，不可在谈话中借词刺探别人的隐私；第二，不可知道了别人的一点点短处就逢人宣扬。天地之大，谈话的资料取之不尽，何必一定要把别人的短处当做话题。

虚心、坦诚和尊敬朋友是语言沟通的必备条件。把朋友为难一下，以逞一时之快，于人于己都没好处。你不愿朋友伤害你的自尊心，你也不可伤害朋友的自尊心。如果有不妥之处，你可以询问原因，可以向他们解释，但方法和态度要真诚、大方。如果你想获得朋友的心悦诚服，而且越是在意见分歧的时候，决不可以使用质问的方法。当朋友因你的质问而窘迫时，在形势上他失败了，但他必定会抱怨在心。

在与朋友的说笑中，偶然以质问的语气开玩笑是可以的，可是不要经常用，以免养成了习惯。

以温存待人就是为自己留有余地。向前冲得太用力，万一摔倒下来时伤痛当然更大。不侵害朋友就是护卫自己，你轻易地进攻朋友，如果估计失当，必会遭到惨败。

首先你要明白，你所知道的关于别人的事情不一定可靠，也许另外还有许多隐情你不了解。要是随意地拿你所听到的片面之言宣扬出去，难免会颠倒是非，混淆黑白。话说出口就收不回来，事后你完全明白了真相时你还能更正吗？"张某借了王某的钱不还，存心赖账，真是卑鄙。"

昨天你对一个朋友说。这话是从王某方面听来的，他当然站在自己的立场说话。人都是觉得自己是对的，当然不易把话说得很公正。如果你有机会见到张某，他也许会告诉你，他虽然借了王某的钱，但有房产证押在王某那里。因为自己资金周转出了问题，到期不能清还，只好延长押期。当初王某表示如果有需要延长押期时，可以延长押期，而今王某急于拿回现款，张某一时无法立刻付清，既然有抵押物，就不能说他是赖账。人与人之间的关系大半如此复杂，你如果不知内幕，就不可信口开河。社会上有一种人，专好推波助澜，把朋友的是非编得有声有色，夸大其词地逢人就说。人世间不知有多少悲剧由此而生。你虽不是这种人，但偶然谈论别人的短处，也许无意中就为别人种下祸患的幼苗，其不良后果并非你所能预料的。请你自己定下一条戒律：除了颂扬朋友的美德，永不议论朋友的隐私，否则你将永远找不到一个愿意和你亲近的朋友。要是朋友向你说某人的隐私时，你唯一的办法是听了就算，像保守你自己的秘密一样，不可做传声筒，并且不要深信这片面之词，更不必记在心上。和谈论别人的短处一样，不可就表面的观察便在背后拒绝人家，除非这是好的拒绝。说一个坏人的好处，旁人听了最多认为你是无知。把一个好人说坏了，人们就会觉得你存心不良了。

　　人们总说女人最爱谈论别人的是非，其实男人当中也不乏这种人。如果你茶余饭后要找谈话的资料时，则天上的星河，地下的花草，无一不是谈话的好题目，不一定要说东家长、西家短才能消遣时间。再者，说朋友的短处，说不定就是你自己的短处。相熟的朋友聚在一起时，大家不免开开玩笑，互相取乐。说话不受拘束，原是人生一快事，不过凡事有利也有弊，乐极更易生悲，因开玩笑而使大家不欢而散的事情也常有发生。

　　玩笑之前，先要注意你所选择的对象是否能受得起你的玩笑，一般人可分为3类：第一种，狡黠聪明；第二种，敦厚诚实；第三种，则介乎上面两者之间。对第一种人开玩笑，他不会让你占便宜的，结果是旗鼓相当，不分高下。第二种敦厚诚实者，喜欢和大家一齐笑，任你如何取笑他，他脾气很好，不致动怒。对这两种人，你可以通过观察对方，决定能否开玩笑。只有第三种人，你要小心。这种人一般也爱和别人笑在一起，但一经别人取笑时，既无立刻还击的聪明机智，又无接纳别人玩笑的度量，如果是男的则变成恼羞成怒，反目不悦；如果是女的就独自痛哭一顿，说是受人欺侮。所以开玩笑之前，要先认识对方，最为妥当。

　　其次，要适可而止。一般开玩笑，说过一两句就算了，不要老是专门戏弄一个人，也不要连续取笑下去，那么一般人十之八九都可以忍受。如果专对一人不停地攻击，那么一般人都不能忍受。

　　开玩笑本来无所谓顾虑到朋友的尊严，但使朋友难过或伤心，这并非开玩笑之道。你笑你的朋友考试不及格，你笑你的朋友怕老婆，你笑你的朋友做生意上当、吃亏，你笑你的朋友在人生的道路上摔了跟头……这些都是需要同情和关心的事，你却拿来取笑，不仅会使对方难以下台，而且表现出你的肤浅和无情。同样，绝对不可拿别人生理上的缺陷来做你开玩笑的资料，如斜眼、麻面、跛足、驼背等。总之，竭力维持朋友的形象，沟通彼此之间真诚的友谊，可以运用如下具体方式：

1. 要学会使用应酬语

不管处在什么情况下，使用"应酬语"都是非常有用的。如果不善于利用，则往往会在人际关系上遭到很大的损失。

"应酬语"的特性是：

使对方觉得你很有礼貌；听起来平易近人，用起来方便简单；给人一种舒服的感觉。

"应酬语"有哪些呢？早安、午安、晚安；嗨，真是太不好意思了；还不是托您的福嘛；请多多包涵；哪里，哪里，实在不敢当；真抱歉；真是太谢谢您了；请多加指教、拜托了。诸如此类的"应酬语"，关键看你如何恰当地运用它们。

2. 讲话预期要明快

在我们四周有许多说话的声调，能给你一种明快的感觉。这自然是美的表达方式之一。若想在谈话时给朋友以明朗、畅快的感受，就必须注意以下几点：

（1）性格——人的性格有明朗型和阴冷型两种。如果你是属于后者，只要能不去斤斤计较各种小节，不过分注意自我，多同别人打交道，尊重别人的意见，相信别人，就能广交朋友，从中获得教益，从而使你阴冷的性格逐渐转向热情、开朗。

（2）表情——面带笑容与有说有笑往往能给人以亲切之感。如果你能随时面带微笑，别人一定会喜欢你。

（3）健康——保持身心健康，才能心胸开朗，心情舒畅。

（4）语调——假如你语言清晰，语音频率高，转折音柔和，则能使朋友有明快的感觉。如果你还没有这样的水平也不必过分勉强，以免弄巧成拙，只要多多注意就行了。

3. 少说"我"多说"您"

古希腊大哲学家苏格拉底说："不要老是说'我想'，而是多询问朋友'您认为如何'？"的确，一般人在说话中总是"我"字挂在嘴上。在一个鸡尾酒会上，主人在5分钟内用了30个"我"字。我的车子，我的别墅，我的花园，我的小狗……你想想看，这样能不令人生厌吗？

亨利·福特曾说："无聊的人是把拳头往自己嘴巴里塞的人，也是'我'字的专卖者。"如果你在说话中，不管听者的情绪或反应，只是一个劲地提到"我"如何如何，那么必然会引起朋友的厌烦与反感。谈话如同驾驶汽车，应该随时注意交通标志，就是说，要随时注意听者的态度与反应。如果"红灯"已经亮了你却仍然往前开，那必定会闯祸。

多说"您"，这对你并不会有任何损失，只会获得朋友的好感，使你同朋友的友情进一步地加深。例如：您认为如何？您怎样处理？您遇到这种情况怎么办？为什么会如此？您能举一个例子吗？每个人都是喜欢以自我为中心的，你若能暂时放弃自我，而提出朋友感兴趣的问题，让朋友也发表见解，你将会在人际关系上左右逢源。只有在满足朋友心愿的同时你自己的心愿才能得到满足。

4. 不要有意无意地排除他人

谈话时排除朋友，就如同在宴会上赶走客人一样的荒唐和不可思议。千万记住，让你的双眼环视着周围每一个人，留心他们的面部表情和对你谈话的反应。在众多人的聚会中，常有少数人被无情地冷落。假如被你冷落的恰巧是对你事业的前途能起帮助作用的朋友，那将是怎样的后果呢？

因此，不要冷落任何人，即使他的言谈举止是多么令人讨厌。"己所不欲，勿施于人"，应该想想自己被人冷落的滋味。要使别人觉得你的谈话洋溢着饱满的感情，因而很感兴趣，不是在坐"冷板凳"。

5. 改变不良的说话习惯

以下不良的谈话习惯应尽快改掉。如：打断朋友的谈话或抢接他的话头；注意力分散，使朋友再次重复谈过的话题。对待朋友的提问漫不经心，使朋友感到你不愿为朋友的困难助一臂之力。不适当地强调某些与主题风马牛不相及的细枝末节，使朋友厌倦，或感到窘迫。

随便解释某种现象，轻率地下断语，借以表现自己是内行。

避实就虚，含而不露，让朋友迷惑不解。

连续发问，让朋友觉得你过分热心和要求太高，以致难以应付。当朋友对某话题兴趣不减之时，你却感到不耐烦，立即将话题转移到自己感兴趣的方面去。

将正确的观点、中肯的劝告佯称为是错误的和不适当的，使朋友怀疑你话中有戏弄之意。

忽略了使用概括的方法，使朋友一时难以领会你的意图。

6. "谢谢"不离口

作为一个普通人，总是希望自己的好意得到朋友的理解，所以在人际交往时对朋友的好意要及时地表示感谢，这是一个招朋友喜欢的好办法。事实证明，在交往中"谢谢"这两个字如果能恰当地运用，这会使你变得很有魅力。

必须是诚心的。你确实有感谢朋友的愿望再去说，并赋予它感情，不要让人听起来觉得呆板，成为应付人的"客套话"。

直截了当地道谢。不要含糊其词地嘟哝，不要为朋友知道你要向他道谢而不好意思。

指名道姓，通过叫被谢人的名字，使你的道谢具有明确性。道谢时，应注视着被谢者。

出乎人们的意料的道谢。当别人没想到或感到未必值得感谢时，一句"谢谢"会使对方感到很温暖。回想一下，你不时地从朋友那里得到一声友好的"谢谢"，而过去在同样的情况下根本不会得到它，想到当时的心情，你就会明白它的意义了。

用商量的语气向朋友借东西

张嘴求人借东西，这嘴实在是不好张。但如果你能够从借者的角度考虑问题，并通过语言消除他的顾虑，那么难事也就会迎刃而解了。

首先，说话要用商量的语气。向别人借东西时，说话语气一定不要太硬，更不能伤人，要知道你有求于别人。如果你的孩子患病住院了，你手头又缺钱，只能向别人借，这时你就可以说：张嘴求人借东西，这嘴实在是不好张。但……"我的孩子病了，还缺住院费800元，不知您手头宽绰不宽绰？下月发工资我就还您。"用这种商量的口气，只要人家手里有钱，是不会不帮忙的。但有些人则不注意这一点，向人借钱时说："谁不知你存了几万元，借我点儿钱还不是牛身上拔根毛。"诸如此类的话，要是熟人打趣说说还不要紧，但在借东西时这样说，人家是不愿意听的。所以借东西时说话一定要用商量的语气，这样才使对方感到你有求于他而且尊重他，他才肯帮助你。

借别人东西时，一定要说明归还时间，而且要准时归还给人家。比如你与同事一起去商店，看见一条新式裙子，你想买下来，刚巧手里钱不够，你就可以说："小王，你先借给我200元钱吧，等回去我就让我女儿给你送去。"说明了归还时间，使人家感到借出去的钱有了保障，才会放心地借给你。其次，说话要诚实。向别人借东西要说实话，不能为借而编假话骗人。比如你借钱时明明近日还不了，为了使人家乐意借，就说"过几天就还"，或说"明天就还"。结果不能如期归还，人家就会把你看成不守信用的人，下次再借可就难了。而且借东西时不能随便改嘴，开始说借1000元，等人家答应了又说借2000元，这会使借主感到为难的。

借不到时，不要说气话。向人借东西，总有不能如愿的时候，不能因为人家不借给你，你就说出不礼貌的话。比如你向别人借自行车，人家说："对不起，自行车不能借你用，等会儿我要外出。"你就不要说出"怎么这么巧，我来借时你要用"之类的话，否则，就会大伤和气。你在借钱不成时，如能对人家说："我知道你手头也不宽绰，我再到别处看看。"这让人觉得你能体谅人。

有效说服朋友的场面话

善于劝说，是一种极为可贵的能力。在日常生活中，经常需要说服朋友，若能掌握一些说服人的技巧，可能会使你的努力得到意想不到的回报。

有些人说服人经常犯的弊病，就是先想好几条理由，然后去和对方辩论；还有的是站在长辈的立场上，以教训人的口吻，指点别人该怎么做。这样一来，就等于先把对方推到错误的一方，因此效果往往不好。说服别人的方法和技巧很多，在劝说朋友的时候，以下几种是比较实用和简便的。

1. 用高尚的动机来激励他

在一般情况下，每个人都崇尚高尚的道德、正派的作用，都有起码的政治觉悟和做人道德。所以，在说服他人转变看法的时候，一个有效的办法就是，用高尚的动机来激励他。比如说这样做将给国家、公司带来什么好处，或将给家庭、给子女带来什么好处，或将对自己的威信有什么影响，等等。这往往能够很好地启发他，让他做应该做的事。

2. 用热忱的感情来感化他

当说服一个人的时候，他最担心的是可能要受到的伤害，因此，在思想上先砌上了一道墙，在这种情况下，不管你怎么讲道理，他都听不进去。解决这种心态的最有效的办法，就是要用诚挚的态度、满腔的热情来对待他；在说服他的时候，要用情不自禁地感情来感化他，使他从内心受到感动，从而改变自己的态度。

3. 通过交换信息促进他改变

实践证明，不同的意见往往是由于掌握了不同的信息所造成的。有些人学习不够，对一些问题不理解；也有些人习惯于老的做法，对新的做法不了解；还有些人听信误传，对某些事情有误解，等等。在这种情况下，只要能把信息传给他，他就会觉察到行为不是像原来想象的那么美好，进而采纳你的新主张。

4. 激发他主动转变的意愿

要想让别人心甘情愿地去做任何事，最有效的方法，不是谈你所需要的，而是谈他需要的，教他怎么去得到。所以有人说："撩起对方的急切意愿，能做到这一点的人，世人必与他同在；不能的人，将孤独终生。"

探察别人的观点并且在他心里引起对某项事物迫切需要的愿望，并不是指要操纵他，使他做只对你有利而不利于他的某件事，而是要他做对他自己有利、同时又符合你的想法的事。这里要掌握两个环节：一是说服人要设身处地地谈问题，要把别人的事当做彼此互相有利的事来加以对待；二是在促使他行动的时候，最好让他觉得不是你的主意而是他自己的主意。这样他会喜欢，会更加主动和积极。

5. 用间接的方式促使他转变

说服人时如果直接指出他的错误，他常常会采取守势，并竭力为自己辩护，因此，最好用间接的方式让他了解应改进的地方，从而让他达到转变的目的。所谓间接的方法是多种多样的，如把指责变为关怀；用形象的比喻来加以规劝；避开实质问题谈相关的事；谈别人的或自己的错误来启发他；用建议的方法提出问题，等等。这就要靠你根据实际情况创造性地加以运用。

6. 提高对方"期望"的心理

被说服者是否接受意见，往往和他心目中对说服者的"期望"心理有关，说服者如果威望高，一贯言行可靠，或者平时和自己感情好，觉得可以信赖，就比较愿意接受他的意见。反之，就有一种排斥心理，所以你平时要注意多与他们交往，和他们建立深厚的感情，这样在说服的时候，就能变得主动有力。

妥善拒绝朋友的场面话

答应帮别人办事儿，首先看自己能不能办到，这是人人都明白的道理。可就有那么一些人不自量力，对别人请求帮助的事情一概承担下来，事情办好了什么事也没有，如果办不好或只说不做，那就是不守信用，朋友就会埋怨你。一个有点权力而又很有限的人更应该注意，因为你有权，别人，包括亲戚朋友托你办事儿的人肯定多。这时你应该讲点策略，不能轻易答应别人。有的朋友托你办的事儿可能不符合政策，这样的事最好不要允诺，而是当面跟朋友解释清楚，不要给朋友留下什么念头，不然，朋友会认为你不给办事儿。有的朋友找你办的事儿可能不违反政策，但确实有难度，就跟朋友说明：这事难度很大，我只能试试，办成办不成的很难说，你也不要抱太大希望。这样做是给自己留有余地，万一办不成，也好有个交代。当然，对于那些举手之劳的事情，还是答应朋友去办，但答应了后，无论如何也要去办好，不可今天答应了，明天就忘了，待朋友找你时，你会很尴尬。我们在这里强调不要轻率地对朋友作出许诺，并不是一概不许诺，而是要三思而后行。尽量不说"这事没问题，包在我身上了"之类的话，给自己留一点余地。顺口的承诺，只是一条会勒紧自己脖子的绳索。

前几年春节联欢晚会上也曾演出过这样一个小品：一个人为了避免别人瞧不起自己，假装自己手眼通天，别人求他办事，不管有多大困难一概来者不拒。为了帮别人买两张卧铺票，不惜自己通宵排队，结果闹出了笑话……

对待朋友的要求，要注意分析，不能一概满足。因为不分青红皂白一概满足，有可能惹火烧身。因此，必须搞清楚朋友的要求是正当的，还是不正当的，是不是符合原则或规范，千万不能碍于情面，有求必应，有求必办。

对待朋友的要求，是否要拒绝，如何拒绝呢？下面几点可供你借鉴：

1. 问清目的

朋友要求你帮助或希望与你合作完成某事时，你必须首先问清楚是什么事、动机是什么、目的何在，如果是正当的，在你力所能及的范围内可以尽量提供帮助，以尽朋友之谊。假如朋友的要求，你认为超越了正常范围，就应毫不犹豫地拒绝他。

2. 态度坚决

无论对方的要求多么强烈，只要你认为不能接受，便要态度明确、坚决地予以拒绝，不能留有余地。"实在抱歉，我无能为力"，"对不起，我没有办法答应"，也不要给他出主意，否则，你仍难脱干系，说不定他还会来找你，让你想办法。

3. 接受指责

遭到了你的拒绝，对方的要求不能达到，他必然会对你加以指责，对此，你可以表示接受。这里，需要注意的是，千万不能中了对方的激将法。比如他说："我就知道你可能做不到，看来果然如此。"对此，你不妨报之一笑，承认自己能力有限，"做不到"他要求的事。

4. 消除愧疚

拒绝朋友的要求，朋友可能会愁眉苦脸，唉声叹气。这时候，你没必要自责，没必要感觉愧疚。既然拒绝，你自然有拒绝的理由。最好的做法是，用你的理由来消除内心的愧疚，达到心理的平衡。

5. 不当面拒绝

有时候碍于面子，当面不好意思拒绝朋友。在这种情况下，你可以让朋友先回去，告诉朋友等你考虑好后再给他答复。然后，打个电话把你的意见告诉他。这样，双方不见面可以避免不好启齿或避免造成尴尬。

用场面话回答左右为难的问题

回答问题需要有不寻常的智慧，特别是回答左右为难的问题，就更需要有聪明的头脑加快捷的反应。

两亲家好开玩笑，一次，一家办喜事，宴请亲家，请柬上写道："来，就是好吃；不来，就是见怪。"另一亲家看了这个请柬，也没在意，还是大大方方地去参加宴会。他带了一份礼物，礼单上写道："收下，就是爱财；不收，就是嫌礼轻。"请客者的请柬写得真"苛刻"：或者好吃，或者见怪，两者都将使对方难堪。若认真探究，请客者设置的两难推理并不高明，因为它不是在特定的语境中自然形成的，而是挖空心思编造的。如果故事只发展到此，无疑是缺乏机智、缺乏幽默的。被请者的以其人之道还治其人之身，才显得棋高一着，因为他具备答辩的机智，他同样以请客为题，巧妙地反击，把难堪还给了东道主。至此，故事才获得了强烈的幽默效果。

另一个故事是妻子闷闷不乐，丈夫很着急，一直追问原因，妻子说："你知道吗？昨天夜里，我做了一个噩梦！"丈夫听了，极力安慰："不要紧，梦是反的。"妻子说："真的吗？你可不许骗人！"

丈夫说："不骗你。"妻子要求他发誓。

"我发誓。"丈夫说："不过，你到底做了个什么梦呢？"

妻子说:"我梦见咱俩一起去首饰店,我想买那条 24K 的金项链,你偏不肯,今天咱们去好吗?"

妻子是个会施展伎俩的人,她不直接说自己的要求,直说恐怕丈夫回绝。她先用一个问句要把丈夫降伏住,再逼他就范。她使用的法宝就是巧设两难,她的闷闷不乐,原来是装出来的,目的是诱导丈夫落进自己的圈套。她让丈夫发誓,把丈夫牢牢地拘禁在自己的语言陷阱里,当妻子亮出"谜底",丈夫才发觉上当,已经为时太晚了。他陷入两难困境:如果"梦是反的"为真,那么他就得为妻子买金项链;如果"梦是反的"为假,那么他的誓言就不真实。妻子的计谋天衣无缝,顺理成章,丈夫只好俯首听命。

因此,对于许多突如其来的问题,回答问题之前,要给自己一些思考的时间。在未完全了解问题之前,千万不要回答,要知道有些问题并不值得回答。有时候回答整个问题,倒不如只回答问题的某一部分。

逃避问题的方法是:顾左右而言他。以不会或不记得为借口,暂时拖延,让对方阐明他自己的问题。倘若有人打岔,就姑且让他打扰一下。针对问题的答案并不一定就是最好的回答,它们可能是愚笨的回答,所以不要在这上面花费工夫。

除此之外,你还需要利用下列常见的答话词句,如:请你把这个问题再说一次;我不十分了解你的问题;那要看……而定;那已经是另外一个问题了;你必须讲一下历史的渊源,那是开始于……;在我回答这个问题以前,你必须先了解一下详细的程序……;对我来说,……;就我记忆所及……;我不记得了;对于这种事情我没有经验,但是我曾听说过……;这个变化是因为……;有时候事情就是这样演变的;那不是"是"或"否"的问题，而是程度上"多"或"少"的问题；你的问题太吹毛求疵了，就像一个玩文字游戏的教授；你必须了解症结之所在，并非只此一件事情而是许多其他的事情一起而导致这个后果，比方说……；对于这个一般性的问题，让我们来个专题讨论……；对于这个专门性的问题，通常是这样处理的……；请把这个问题分成几个部分来说；可不，事情并不像你所说的那样；我不能讨论这个问题，因为……；我并不是想逃避这个问题，但是……；我不同意你这个问题里的某部分。

配合别人的场面话

如果你去问一个听力正常的人："你会听吗？"一定会遭到对方的耻笑，这种问题他一定不屑于回答你。诚然，长了两只耳朵，又不聋，有谁不会听呢？可谁又会想到，坐在那儿听的人有可能只是一部录音机呢！录音机是一堆塑料和金属构成的没有生气、没有情感的物体，如果听者成了一部只知道开关运行的录音机，那么是无法激起说话者的激情的。说话者的第一感觉便是：你在敷衍我！这样的录音机式的听者又怎样达到赞美别人的目的呢？所以说，听应该是倾听，是对说者表现出了极大的注意的听。有人做过这样一个实验，来证明听者的态度对说者有着极大的影响。

让学生表现出一副心不在焉的样子，结果上课的教授照本宣科，不看学生，无强调，无手势；让学生积极投入倾听，并且开始使用一些身体语言，比如适当的身体动作和眼睛的接触。结果教授的声调开始出现变化，并加入了必要的手势，课堂气氛生动起来。

　　由此看出，当学生表现出一副心不在焉的样子，教授因得不到必要的反应而变得满不在乎起来。而当学生改变态度，用心地去倾听时，其实是从一个侧面告诉教授：你的课讲得好，我们愿意听。这，就是无声的赞美，并且起到了积极的效果。从上面的例子也可以看出，倾听时加入必要的身体语言，是非常有必要的。行动胜于语言。身体的每一部分都可以显示出激情、赞美的信息，可增强、减弱或躲避拒绝信息的传递。精于倾听的人，是不会做一部没有生气的录音机的，他会以一种积极、投入的状态，向说话者传递"你的话我很喜欢听"的信息。录音机是没有眼睛的，俗语说"眼睛是心灵的窗户"。适当的眼神交流可以增强听的效果。这种眼神是专注的，而不是游移不定的；是真诚的，而不是虚伪的。发自灵魂深处的眼神是动人心魄的。

　　录音机做不了"小动作"，而倾听者则必须做一些"小动作"。身体向对方稍微前倾，表示你对说话者的尊敬；正向对方而坐，表明"我们是平等的"的暗示，这可使职位低者感到亲切，使职位高者感到轻松。自然坐立，手脚不要交叉，否则让对方认为你傲慢无礼。倾听时和说话人保持一定的距离，恰当的距离给人以安全感，使说话者觉得自然。动作跟进要合适。太多或太少的动作都会让说话者分心，让他认为你厌烦了。正确的动作应该跟说话者保持同步，这样，说话者一定会把你当做"知心爱人"。

职场交锋篇

职场中，不管是领导、下属，还是同事之间，说出的话只是"冰山一角"，藏在底下的整座"冰山"才是他们的真实意图。当然，要领略海底冰山的无限风光，那可不是一般功夫可以做到的。无疑，作为"冰山一角"的职场"场面话"是一个很有嚼头的词，不妨细细一品。

第九章

与领导接触要懂场面话

察言观色是上司面前说话的基本功

经常听到这样的抱怨：晚辈怪长辈偏心；下属怪上司只心疼心腹；业务员怪老板只看重主管……一味地认定是对方不能一碗水端平，似乎很少有人会检讨一下，为什么那些人会讨人喜欢，让人疼。或许就是因为那些人拥有别人所没有的优势，才会受到不一样的对待啊！又何必忿忿不平地嚷嚷呢？

与其让不平衡的心态跟着自己走一生，何不尝试改变一下，看看是否也像别人一样找着了春天！

既然话通常不是对着自己说的，那么就得看看对方脸色，再适当地表达，才不会出错。当别人烦躁的时候，却凑上去嘀嘀咕咕；或是人家正兴高采烈，却一不小心浇他一头冷水，都是太不知趣了。当然，如果要让对方同意自己的想法，更是要看看对方的脸色，再选择合适的表达方法。所以，看人脸色过日子没什么不对，反而那些从来不去管别人感觉的人，才需要好好反省一下。

腰杆子一向颇直的刘罗锅就是一个例子，他的能力强、有原则，可是沟通起来却机灵得很，让乾隆皇帝不宠爱他都不行。

有一回宰相刘墉陪乾隆皇帝聊天儿，乾隆很感慨地说："唉！时光过得真快，就快成了老人家喽！"

刘墉看看皇帝一脸的感伤，于是说："皇上您还年轻哩！"

"我今年45岁，属马的，不年轻啦！"乾隆摇摇头，接着看了一眼刘墉问："你今年多大岁数啦？"

刘墉毕恭毕敬地回答："回皇上，我今年45岁，是属驴的。"

乾隆听了觉得很奇怪，于是就问："我45岁属马，你45岁怎么会属驴呢？"

"回皇上，皇上属了马，为臣怎敢也属马呢？只好属驴喽！"刘墉似笑非笑地回答。

"好个伶牙俐齿的刘罗锅！"皇上拊掌大笑，一脸的阴霾尽失。

一个擅于察言观色的人，一定善解人意，机灵乖巧。能了解对方在想什么？需要什么？什么事情都逃不过他的眼睛。

这是一种天赋，有些人天生就比较敏感，能很轻易地看出别人的情绪反应。拥有这种知己知彼的能力，做起事情来就容易百战百胜。所以这是一种沟通上的优势，有了这种优势，沟通时就轻松多了。

通过观察，可以洞察先机，知道对方的想法，就算觉察对方有不同的意见，心里也有数，可以在心里有所准备，事先化解；也可以针对别人的反应，妥善安排自己的进退应对，依照对方的反应，适时给予鼓励、赞美，把话说在适当时机，刚好说进对方的心坎里；发现对方不悦，临时刹车，避免沟通恶化，见风转舵随机应变，事情就不会搞砸了；随时留心对方的脸色，适可而止地指责，让对方有个台阶下。这样的沟通，一切都掌控在自己的手中，还能不顺畅吗？

虽说察言观色是一种天赋，其实也是可以学习的，怎么学呢？

——和别人说话的时候，要慢半拍，仔细看看对方的表情，判断一下自己的这句话会引起什么反应。

传递坏消息时："我们似乎碰到一些状况……"你刚刚才得知，一件非常重要的工作出了问题，此时，你应该以不带情绪起伏的声调，从容不迫地说出本句型，千万别慌慌张张，也别使用"问题"或"麻烦"等字眼，要让上司觉得事情并非无法解决。

上司传唤时说："我马上处理。"冷静、迅速地作出这样的回答，会令上司直觉地认为你是有效率、听话的好部属。

表现出团队精神时说："莎拉的主意真不错！"莎拉想出了一个连上司都赞赏的绝妙点子，趁着上司听到的时刻说出本句型，做一个不忌妒同事的部属，会让上司觉得你本性善良、富有团队精神，因而另眼相看。

闪避你不知道的事时说："让我再认真地想一想，3点以前给你答复好吗？"当上司问了你某个与业务有关的问题，而你不知该如何作答时，千万不可以说"不知道"，可利用本句型暂时解危，不过事后可得做足功课，按时交出你的答复。

不要贸然向上司进言

中国古代法家代表人物韩非认为,部属不能随便向上司进言。他的论断虽有些偏激,但反映了进言宜慎重这个真理。韩非列举了进言者的10种危险,不妨参考一下:

1. 君主秘密策划的事,不知情者贸然进言就会有危险。

2. 君主表里不一的事,谁把这个情况说破,谁就会有危险。

3. 在进言被采纳的情况下,如果进言的内容被他人得到了,进言的人就要受到泄密的怀疑。

4. 为官的经历还不深,还没得到君主信任时,如果把自己的才能全显露出来,那么,即使谋划成功,也不会受赏;如果谋划失败,反而受怀疑。

5. 揭露君主的过失,用道德理论加以指责,那是危险的。

6. 君主用他人的意见获得成功,并把这个成功归于自己,知道这个秘密的人会有危险。

7. 强制君主从事自己能力以上的事,这样的事会让君主难堪,这个进言者会有危险。

8. 如果君主谈论人的品格,又别有所指,接着再谈论平庸的人,并有煽动之意,幕僚们就要有所警惕。

9. 赞扬君主宠爱的人,如果你想接近他,就会受到怀疑;指责君主厌恶的人,如果是试探,你也会受到怀疑。

10. 在向君主进言时,只说大话,毫无针对性,当仔细讨论时,就会让人反感；如果发言过于小心，就会被认为是愚笨；如果高谈阔论自己的计划，就会被斥为信口开河。

不可忽略上司的职称

  我们不一定要把组织弄得像军队一般的严谨，但对于上司和下属的关系也应划分清楚；不可有搪塞马虎、得过且过的想法。凡事轻率、随便的态度，往往给人以无法信赖的感觉。

  主从关系必须严格划分，权责不明、未经授权而强出头，对所指派的任务也任意曲解、自作主张，将使整个组织失控。

  举个较为浅显的例子，行进间如遇上级，必须等长官通过自己再行进；上、下台阶时，必须先停止、行注目礼后再随后前进。

  在企业组织中，上下级之间的关系最容易混淆，常有冲犯、而不自知。年轻气盛的员工，只为凸显、膨胀自己的角色，往往不知礼貌，动辄直呼长官名字，或者干脆称兄道弟，这些没大没小的幼稚行径，都是办公室里的忌讳。

  上级有事召见时，切忌推三阻四、耍"派头"，给人气度不凡且又成不了大事的印象。尤其不可打断他人的谈话，有意见时须待他人告一段落后再表达自己的意见。

  交谈对象若为上级主管，不可省略对他的职称，必须冠以"某某科长"、"某某主任"等尊谓；即在平辈间，也不可疏于礼貌，应以"先生"、

"小姐"或以"某科长"、"某主任"等称呼为恰当。

在公开场合提意见要把握分寸

　　中国人是最讲究面子的，这种偏好源自五千年的文化，又扎根于伦理型的社会人际关系的网络之中，根深蒂固，几乎无人能够幸免。

　　好面子，其实就是要做到一团和气，要"和为贵"。人人头上有青天，各自相安无事，自然皆大欢喜。这是中国人处理人际关系、整合全社会的一个独特方式。从中国人在饭馆争着付钱到婚娶喜宴上的"见面礼"，无不透露出中国人的"面子"哲学。因此，就中国的传统而言，在公共场合，都是比较注意面子的，不但给别人面子，自己也要争面子。

　　这种"面子"哲学的另一面便是除非迫不得已，决不首先撕破面子。即使是对手心里已藏满刻骨仇恨，并且毒计连篇，表面上却依然面带微笑。而一旦有人敢于直言不讳，不给别人面子，这在中国人眼里已是具有相当的敌意了，甚至是发出挑战的信号。因为在逻辑上我们可以很方便地作出推论，即首先撕破了面子，那就肯定是出于迫不得已，或者是受人胁迫，或者便是心有怨气而不得不发。

　　领导也是中国人，我们都是中国人，即使这种"面子"哲学是错的，但在中国这种文化氛围和社会环境下，我们都会不可避免地套用中国人独特的思维习惯和模式，得出相似结论。

　　在领导的眼里，如果自己的下属在公开场合使自己下不了台，丢了面子，那么这个下属肯定是对自己抱有敌意或成见，甚至有可能是有组织、有预谋地公开发难，正如一位心理学家所说的那样："人们都喜欢喜欢他的人，人们都不喜欢不喜欢他的人。"这样，在公开场合不给领导留面子的结果便是，领导要么给予以牙还牙的还击，通过行使权威来找回面子，要么便怀恨在心，以秋后算账的方式慢慢报复。

这种结果，自然是下属在提出批评和意见时所不愿看到的，也违背了他的初衷。他大概忘记了，无论是领导，还是他本人，都是中国人，都生活在充满人情味儿、十分讲究人际和谐的同一个社会中。

领导十分注意自己在公开场合，特别是在其他领导或者众多下属在场的时候，这绝不仅仅是因为有个文化的潜意识在作祟，更是在于领导从行使权力的角度出发，维护自己权威的需要。这种需要因受到公开的检验而变得更加强烈甚至是不可或缺的。

如果下级的意见使领导感到难堪，即使他是出于善意的愿望，即使他的确是"对事不对人"，但其结果却必然是一样的：使领导的威信受到损害，自尊受到伤害。

威信受到损害，便会使权力的行使效力受到损失。它影响到领导在今后决策、执行、监督等各个方面的决定权和影响力。因为人们不禁要问，他说的是否都对呢？是否会产生应有的效果呢？这样，下级在执行中便多了几分疑虑，这必然会降低领导权力的有效性。因为服从越多，权力的效果就会越好。行使权力必须以有效的服从为前提；没有服从，权力就会空有其名。

自尊受到伤害，是最伤人的感情的，因为它触动了人最为敏感的地带，挫伤了"人之所以为之"的信条。在公开场合丢面子，这说明领导正在失去对下级的有效控制，于是，人们不禁对他个人的能力乃至人格都产生了怀疑。因此，无论是谁，身处此境，最先的反应肯定是怒火中烧，而不是理智地对意见内容的合理性的分析。那么，此后的一系列举动肯定都是很情绪化的。即使他很有面子、很得体地将这件事情掩饰过去，情感上的愤怒依然是存在的，这个阴影将会把你美好的印象淹没，使你在后来饱尝麻烦，悔恨不已。

因此，当一位领导当众受到下属的伤害，丢了面子，即使当场不便发作，日后也会有所忌恨，甚至予以报复。因为如果他不这样做的话，可能还会有其他人会当庭责难，使他下不了台。"杀一儆百"、"杀鸡给猴看"的道理正是缘由此处啊！

唐代，魏征也算是唐太宗的心腹之臣了，一向为唐太宗所重用，却也因为面子受损的事几欲杀掉魏征。

一次上朝，魏征当着朝臣之面犯颜直谏某事，顶得唐太宗面红耳赤，大丢脸面，但唐太宗还算是一个清明有为的皇帝，考虑到自己曾叫大臣"事有得失，毋惜尽言"，所以当堂不好发作。但罢朝之后，却是怒气冲冲地嚷道："总有一天我要杀死你这个乡巴佬！"长孙皇后问他要杀谁，太宗说："魏征常常在朝廷上羞辱我。"皇后闻言心中大惊，因为唐太宗就有过因不听大臣劝谏而杀人的事，而且她知道太宗的脾气，于是急中生智，用当庭恭贺的办法使唐太宗突然醒悟，才免了其死罪。不过，在魏征死后，唐太宗仍是派人去推倒了他的墓碑，这大概是心中之怒气长期郁结不得消散之故吧！

试想，如果唐太宗并没有这么英明，并没有这么大的胸怀和气量；如果皇后没有想出一个好办法替魏征说情；如果唐太宗对魏征并不是那么信任和了解，恐怕魏征的脑袋早就搬家了。这其中的经验与教训不能不令下属三思，深以为戒。

所以，下级在公共场合给领导提意见时，一定要注意给领导留有面子。

留面子，首先表明你对领导是善意的，是出于对领导的关心和爱护，是为了帮助领导做好工作。这样，他才愿意理智地分析你的看法。

留面子，还表明你是尊重领导的，你依旧服从他的权威，你的意见并不是代表你在指责他，相反，你是在为他的工作着想。

留面子，其实就等于给自己留下了充分的余地，下属可利用这个余地同领导在私下里进行更为深入的交流和探讨。同时这个余地还表明，下属只是行使了一定的建议权，而领导仍保有最终决断的权威。留有余地，还会使下属能够做到进退自如，一旦提出的意见并不确切或恰当，还有替自己找回面子的余地。

当然，我们讲，公开场合提意见要注意领导的面子，并不是鼓励下属"见风使舵"，做"老好人"。我们是非常赞成对领导多提建议性的宝贵意见的，同时也对直言不讳、敢犯龙颜者表示深深的敬意，我们的着眼点只是在于提意见要注意场合、分寸，要讲究方式、方法。

历史的经验证明，如果只注重提意见的初衷和意见的合理性，而不去考虑它的实际效果，这样的劝谏只能给下属带来灾祸。我们衷心地劝诫每一位下属，一定要在公开场合给领导留面子。

迂回表达反对性意见

春秋时期，齐景公放荡无度，喜欢玩鸟打猎，并派专人烛邹来专管看鸟。一天，鸟全都飞跑了，齐景公大怒，要下令斩杀烛邹。这时，大臣晏子闻讯赶到，他看到齐景公正处在气头上，怒不可遏，便请求齐景公允许他在众人之前尽数烛邹的罪状，好让他死个明白，以服众人之心。齐景公答应了。于是，晏子便对着烛邹怒目而视，大声地斥责道：

"烛邹，你为君王管鸟，却把鸟丢了，这是你第一大罪状；你使君王为了几只鸟儿而杀人，这是你第二大罪状；你使诸侯听了这件事，责备大王重鸟轻人，这是第三条罪状。以此三罪，你是死有余辜。"

说罢，晏子请求齐景公把烛邹杀掉。此时，齐景公早已听明白了其中的意思，转怒为愧，挥手说："不杀！不杀！我已明白你的指教了！"

这个故事就是下级迂回地批评领导，表达反对性意见，并被领导心悦诚服地接受得很好的一个例证。很明显，晏子是反对齐景公重鸟轻人的，但他看到齐景公正处于气头上，直谏反而不妙，于是就采取了以退为进、以迂为直的方法来间接地表达自己的意见，使齐景公得以领悟其中的利害关系和是非曲直，达到了既救烛邹之命，又得以说服齐景公的目的。而且，晏子也避免了直接触犯齐景公，给自己引来不必要的麻烦。

迂回地表达反对性意见，可避免直接的冲撞，减少摩擦，使领导更愿意考虑你的观点，而不被情绪所左右。

我们每个人都有着自己的一系列的观点和看法，它支撑着我们的自信，是我们思考的结果。无论是谁，遭到别人的直言不讳的反对，特别是当受到激烈言辞的迎头痛击时，都会产生敌意，导致不快、反感、厌恶乃至愤怒和仇恨。这时，我们会感到，气窜两肋。肝火上升，血管偾张，心脏跳动加快，全身处于一种高度紧张的状态，时刻准备作出反击。其实，这种生理反应正是心理反应的外化，是人类最本能的自我保护机制的反映。

自然，对于许多领导来说，由于历事颇多，久经世故，是能够临危而不乱，沉得住气的，不会立即作出过激的反应。而且，许多领导还是有一定心胸的，不会偏狭地受情绪左右，意气用事。但是，其心中的不快却是不能自控的，而且由于领导处于指挥全局的岗位上，又加入了权力的因素，领导是很难避免出现愤怒情绪的。下属的直言不讳，往往会使领导觉得脸上无光，威信扫地，而领导的身份又决定了他非常需要这些东西。

过于直接的批评方式，会使领导自尊心受损，大跌脸面。因为这种方式使得问题与问题、人与人面对面地站到了一起，除了正视彼此之外，已没有任何的回旋余地，而且，这种方式是最容易形成心理上的不安全感和对立情绪的。你的反对性意见犹如兵临城下，直指上级的观点或方案，怎么会使领导不感到难堪呢？特别是在众人面前，领导面对这种已形成挑战之势的意见，已是别无选择，他只有痛击你，把你打败，才能维护自己的尊严与权威，而问题的合理性与否，早就被抛至九霄云外了，谁还有闲暇去追究、探索其中的道理呢？

事实上，我们会发现，通过间接的途径表达自己的意见反而更容易被人接受，这大概就是古人以迂为直的奥妙所在吧！

原因其实是很简单的，间接的方法很容易使你摆脱其中的各种利害关系，淡化矛盾或转移焦点，从而减少领导对你的敌意。在心绪正常的情况下，理智占了上风，他自然会认真地考虑你的意见，不敢先入为主地将你的意见一棒子打死。

卡耐基在《人性的弱点》一书中就提出，每个人都会犯错误，每个人也都有自己的自尊心，有些问题可以不必采用直接批评的方法，相反，可以采用间接的方法来指出问题，有时效果反而会更好。

其实，领导也是很普通的人，通过迂回的办法去表达自己的反对意见，并力求使领导改变主张，仍然是十分奏效的方法。你无须过多的言辞、无须撕破脸面，更无须牺牲自己，就可以说服领导，接受你的意见。

用"自相矛盾"的方法规劝上司

领导在看待和处理问题时，出于种种原因，有时也会有不明智之举，容易导致工作的失误或者因小失大、危及全局。此时，正是下属表忠心、献良策、取得领导信任的最佳时机，下属万万不可错过。寥寥数语，就可能使领导迷途知返，并将你视为忠臣、知己，在内心的功劳簿上为你记上一笔。

秘书小王就有过这样的一次经历。

有一次，局里召集各科室的负责人开会，准备安排下一阶段的工作任务。在会议开始的汇报工作中，有一位科长工作责任心不强，把几项交办的工作没做好，还捅了娄子，结果引得局长很情绪化，发了不小的脾气，使会议气氛十分紧张。秘书小王目睹此景，便建议休会，先休息10分钟。在休息的间歇，秘书小王递了一个纸条给局长，上面写着："刘局长，会前你曾说过，这个会议的主要议题是布置工作，动员干部，刚才的会议气氛有点儿紧张，不利于这次会议的顺利进行。有些问题似应专门开会或会后再解决。"

当复会后，小王发现刘局长已恢复了正常，并把会议引导到了正常的议程上。会议比较圆满地结束了。

会后，刘局长笑着拍了拍小王的肩膀说："小王啊，多谢你的'清凉剂'呀！"

以后，小王与刘局长结成了非常好的工作友谊，小王也越来越受局长的赏识了。

自然，"自相矛盾"的劝说术有其很强的说服力，但它也是"双刃剑"，用不好也会自伤其身，因此，下属一定要注意以下几点提醒：

第一，要注意语气适当，措辞委婉。因为"自相矛盾"法就是要提醒领导注意自己的言行的不一致性，或者是对其论点作出某种程度的否定，这无疑会涉及领导的尊严与权威，尺度把握不准，搞得不好就会有嘲讽、犯上之嫌，被领导误以为心怀不满，另有所指。所以下属一定要注意使自己的口气比较和缓，显示自己的诚恳和尊敬之情。特别是要使领导明确地认识到，你的所作所为都是出于做好工作的动机，是为领导设身处地地着想，而不是针对领导者本人有何不恭的看法。

第二，尽量言词简短。俗话说："言多必失。"因此下属在劝谏时，只要指明大意就已足矣，其中的推理不妨由领导自己来做，越是语言简短，越是语意含蓄，就越能引起领导的深思，又不至于引起领导的猜忌。

而且，言辞简短不至于使你引用的领导的话淹没在解释、论证的海洋中，要知道，正是这些引用极大地满足了领导的成就感，当你的领导清楚地了解到，一句他本人也不曾在意的话却被下属郑重地记在心上，或者他十分重要的观点的确受到了下属的重视，他一定会增加对你的好感，多几分欣赏和认同，少几分敌意和对立，从而能够仔细地倾听你的建议，对你的相反的看法郑重对待。因此，言简意赅，不失为引起领导重视和好感的一个好办法。

第三，要注意场合。用领导自己的话来批驳他的某些观点，最好是在私下场合中使用，而不宜在公开场合或是有他人在一旁的情况下运用。因为在私下里，即使你对领导有所触痛，但如果言之有理，领导也会采取比较宽容的态度。而在公开场合，这就会演化为领导的尊严和权威问题，他会为此而战，从而使情绪压过理智，面子高于道理，这对下属无疑是自找麻烦，"好心难得好报"。

趁上司心情好时提建议

现代心理学证明：人在情绪不佳、心有忧惧等低落状态下较之平常，更容易悲观失望，思维迟钝且惰于思考，情感波动大并易产生过激行为。这说明，人是一种有着复杂的生理和心理特征的动物，其思维特征要受到某种心理状态的影响，因此，在人与人之间的交流中，我们也要注意对方的情感变化，趋利避害，从而占据某种心理方面的优势和主动，防止使自己受到不必要的伤害。

领导也是人，也无法摆脱上述思维规律的影响，这就提醒我们，一定不要在领导情绪不佳时进言；同时，这也启示我们，在领导心绪高涨、比较兴奋时提出建议则会取得更好的效果。

而大凡有见识的下属，都一定知道向领导"灌输思想"的重要性。领导一旦接受了你的某种观点，就会自然而然地运用它来指导自己的决策，使他的方案能够沿着你预定的轨迹前进。这种方法含而不露，形式灵活，影响力长久而隐匿于无形，实属高招儿中的妙手。许多下属正是靠着那种与领导之间的随意交流甚至是休闲娱乐，逐步启发、诱导着领导，使自己的种种想法得以实现，并使自己成为领导者不可或缺的"宠幸"之人，发挥着巨大的甚至是无可替代的影响力。

给领导提建议，有很重要的一个方面，那就是一定要注意时机和场合，以便使领导更能用心领会你的意见，并不会导致对你的反感。在娱乐活动中，一般领导的心情比较好，这时候提出建议会使领导更容易接受。特别是如果你能把所提的建议同当时的情景联系起来，通过暗示、类比等心理活动的作用，则会对领导有更大的启发。还有些比较成功的下属善于接住领导的话茬儿，上承下转，借题发挥，巧妙地加以应用，从而很好地触动了领导，使许多悬而未决的问题得到了解决。

某地方，一个单位刚购置了一批计算机及相关设备，并准备修建一个机房。但在机房安置空调机一事上，领导却不肯批准，认为单位的同志们都在没有空调的情况下办公，不宜单独对机房破例。虽然有关同志据理力争，说明安装空调是出于机器保养而非个人享受的需要，但仍不能打破领导的老脑筋，说服领导。

有一次，单位的领导与同志们一起出去旅游、参观，在一个文物展览会上，领导发现一些文物有了毁坏和破损，就询问解说员，解说员解释说，这是由于文物保护部门缺乏足够的经费，不能够使文物保存在一种恒温的状况下所致，如果有一定的制冷设备，如空调，这些文物可能就会保存得更加完善。领导听后，不禁有些感慨。

此时，站在一旁的机房的负责人老王趁机对领导低语："刘局长，机房里装空调也是这个道理呀！"

刘局长看了他一眼，沉思片刻，然后说："回去再打个报告上来。"

后来，这位领导果真批准了机房的要求，为他们装上了空调设备。

从这个例子可以看出，正是由于老王能够不失时机地将眼前的景象同自己所要提出的建议联系起来，使领导产生由此及彼的类比和联想，从而很好地启发了领导，使他能够接受老王的意见，使问题得以解决。在娱乐中的寥寥数语竟胜过郑重其事的据理力争，这不能不引起下属的深思，更值得我们加以借鉴。

固然，在娱乐中，领导心情比较高兴，情绪较为放松，更容易接受下属的一些建议。但是如果不能细察当时的情形，不能选择有利的进言时机，有时反而会弄巧成拙，招致领导的不快。

毕竟领导是来娱乐的，可能对于许多领导来说，这是难得的放松，他们并不想有人在这时候打搅他难能可贵的片刻兴致，更不想去谈什么工作。如果下属不懂审时度势，察言观色，在领导玩兴正浓时去请示工作或提出建议，无疑会使领导感到不快，在这种情形下，又怎么能够说服领导呢？

比如，一位领导正在与别人下棋，想着走哪一步，如何才能置对方于死地，此时你插上几句工作上的事，领导一说话，一走神儿，结果忘走了一步棋或者没看清对方的动向，丢了子儿，他怎么会高兴呢？即使是刚才处于优势，心情正好，此时也会大为扫兴，心生不快，很可能他就会视你的建议为出气筒，大加挞伐，或者根本就对你和你的建议不愿理睬。

因此，此时你最好的选择便是加入领导的娱乐活动中去，为领导助兴或帮助领导尽快取胜，使他的兴致得到满足。而且，在这一过程中，由于你和领导共同创造并分享了快乐，也容易使他接受你，为谈话创造一个良好的氛围。

第十章

与同事之间的场面话

如何说话才能打破尴尬局面

现代社会，有德有才之士被提拔到更高的职位是很正常的事。这些人大都年富力强，前途远大，不管他们自身愿不愿意，一旦到了领导岗位，就必须掌握说话的艺术和技巧。在被提拔之前，你或许是个芝麻大的小官，或者只是个普通职员，话说得好不好，对你的影响不太大。可现在不同了，你成了领导，成了别人的上司，你说出来的话，要影响到很多人。古人认为，官场之妙，妙在心机和口舌，所以尽快学会说话是你成为领导之后无法推掉的课程。

当你被提拔之后，原来的上司或许成了你的同事，而原来的同事成了你的下属，这种变化使得你与他们之间突然有了一种很微妙的距离感。这时你如何说话才能尽快打破这种局面，使他们适应你的新身份呢？

以下几种情况的处理方式可作为参考。

1. 旧同事、新下属

"说实在的,我以前从来没想到过自己会当官,所以对上边的这个任命,我也感觉挺突然的。如果大家信任我的话,我一定争取当好这个官。俗话说:'当官不为民做主,不如回家卖红薯。'我原来也是个平头百姓,对大家的生活和难处都很了解,我希望自己有能力改变这种状况。"

"前不久,新的领导小组召开会议,确定我分管基建后勤工作。这是关系每一个人生活大计的工作,人们总离不开吃喝和住房吧!所以我决心尽我所能地把这个工作做好,让每一位职工尽量消除后顾之忧,好全心全意地投入工作。""以前我们大家是同事,在一起打打闹闹,相处得非常愉快,现在虽然没有机会多和大家热闹,但我们的关系还和过去一样是平等的。在工作中希望大家支持我;工作之外,和过去没有任何区别,你们有什么意见和要求可随时提出来,有什么建议和不满也随时反映,我一定会尽自己的能力尽快地给予解决。"如果你是通过竞争取得领导职位的,那么你可以这样说:"谢谢大家对我的支持,我会努力实现我在竞选中的承诺的。"

"希望大家理解和支持我的工作!希望大家配合我把工作做得更好!"

2. 新同事

"各位原来都是我的上级,曾经多次鼓励我要争取上进,并且给了我许多的机会表现自己的能力和才华,也正是有了各位领导的提携,我才在众多的候选人中脱颖而出,得到提升。"

"我很感谢各位对我的扶持和帮助,也希望在今后的工作中继续给我以帮助和指导。"

"对于做领导的艺术和学问,我想我一定不会像你们那样在行。你们从事领导工作的时间比我长,都是我的老师,我要好好地向你们讨教和学习。"

"拜托各位,多多指教。"

总之,你千万不能因为成了领导就盛气凌人,照样要表现出谦逊、有礼。

3. 新上司

除非你有一天成了老板,要不然你就必须面对你的上司。那么面对你的新上司时,你该怎么说呢?

"谢谢领导对我的信任,我会加倍努力工作的,绝不辜负领导对我的希望。不过,我初到新岗位,许多东西都还不熟悉,还希望领导能多加指点,我有什么考虑不周的地方,还请领导批评指正。"

没有一位上司喜欢盛气凌人的下属,那样他会感到他的位置受到威胁,以后你再想升迁可就不那么容易了。

旁敲侧击搬走你的绊脚石

企业界有许多实际的例子显示,妨碍或影响公司进步的,往往是当年创业时的伙伴、功臣。这些人以功臣自居，以老大自任，位高而不实心办事，自满而不求进步，只知营私结党，倾轧图利，他们的能力不但早已赶不上公司的发展，而且他们本人也已成为公司进步的绊脚石。经营者痛心疾首，但不能卸下感情的包袱，既无壮士断腕的勇气，亦无其他治本的良策，此时该如何呢？

除了天生冷酷无情、寡恩刻薄的人之外，一般人多半无法心硬到对当年打江山、共患难的伙伴，说敬就敬。尽管其祸害已至极点，可是为了情字，难免姑息养奸，得过且过，可是这样下去也不是办法呀！

如果经营者学会旁敲侧击，不但可兼顾到感情的问题，也能使公司脱离困境，再创生机，两全其美而不着痕迹地把困难解决，何乐而不为呢？

旁敲侧击的方法很多，下面略举数例，希望经营者在碰到以上的困难时能参考，或者由这些方法中自我启发出更有建设性的方法。

1. 另给他一个新的办公室

办公室的分配位置最能显示出权力象征的意义，尤其是一间属于个人专有的办公室，不论位置、大小、装饰等，都足以代表一个人在公司中的地位与权力。旧有的办公室可能已经使用了好几年乃至数十年，权力的形态与意识早已根深蒂固，哪一个房间是属于副总经理的，哪一个房间是属于业务经理的，大家都十分熟悉；而哪一个房间拥有多少权力，权力的中心何在，更是人人清楚。

假定现在你想剥夺占有某个办公室的人的权力，又不想以调整职务为手段，那么比较不落痕迹的方式，就是给他一个新的办公室，而这新的办公室应该远离权力中心。

如此，在一种很自然而无形的情况下，这个人逐渐地失去了他原有的影响力。等到他的影响力消失，你要处置他就不会过于棘手，也不会产生不必要的副作用或留下后遗症。

事实上，以换办公室作为剥夺权力的第一步骤，从任何角度来看，都是最温和而不伤尊严的做法。稍微激烈一点的，就是将他迁出私人办公室，而与一般职员共处于大办公室，美其名曰为"增进其与部属之间的沟通"。失去了私人办公室，他的一切护卫与武装也就随之解除。

有些公司则趁改组扩大的机会，干脆把公司搬到一栋新建的大厦去，经营者所有的意志、企图都可借重新分配办公室来实现。

2. 断绝情报网

有人说，一个公司中最有权力的人，可能是负责接电话的总机小姐，因为任何情报的传达都要透过她，所以她拥有公司最多的情报。总机小姐如果看某人不顺眼，而要使这个人失去权势的话，简直轻而易举，她只要断绝若干情报来源，就可能使他陷入极大的困境。

在资讯发达的时代里，情报可以说是一切权力的来源，谁有办法掌握更多的情报，谁就是更有权力的人。因此，"杀人不见血"的方法之一，就是断绝情报来源。如何断绝对方的情报来源呢？例如，重要的会议在他不在或出差的时候召开，使他失去参与决策的机会，或者开会通知根本不发给他，财务报告、业务报告不再给他过目。

3. 明升反降

表面上是晋升其职位，实际上是解除他的权力。行政机关将部长、院长改聘为资政顾问、国策顾问，使其高待而无为，就是明升反降的手法。

这样做的好处很多。第一，不伤对方的面子；第二，权力的转移会温和而顺利。例如，将总经理或副总经理纳入董事会，担任高级顾问，任谁也无话可说。

4. 给一个长假

派他出国考察，一两个月之后，他回来时发现整个情势已然改观，他的工作已经分别由他人替代，他的权力已所剩无几。此时，你再说明时机紧急或迫于无奈权宜处置等搪塞的理由，在这种情况下纵使他心里明白，也徒呼奈何了！这样旁敲侧击，相信没有谁会经得住敲打，或者心里还不明白，他为了拿份稳妥的退休金，也只好乖乖地退休了。说实在话，对于无能之人，这样做已经是相当仁慈了。换句话说，这对公对私都有好处，又没有拉下脸来，伤了面子，也不是一脚踢开，加上后半生衣食无忧，这种旁敲侧击有何不好呢？

以商量的口气向同事提意见

工作中同事之间有了不同意见，应以商量的口气婉转地提出自己的看法，尽量避免生硬的"你的看法不对……"、"你根本就不行……"等伤害他人自尊心的言辞。如果遇到不合作的同事，则要表现出你的宽容和修养。学会耐心地倾听对方的意见，并对其合理成分表示赞同，这样不仅能使不合作者放弃"对抗状态"，也会开拓自己的思路。一位哲人说："人能成全他人，也能毁弃他人；互相帮助能使人奋发向上，互相报怨会使人退步不前。"

大家都知道"山外有山，楼外有楼"，但有些人却恃才傲物，唯我独尊，从不把别人看在眼里，仿佛自己就是泰山顶上的青松，站得越高看得越远。长此以往，他们就把自己拉出了群体之外，甚至地球之外。

有一次，美国总统门罗在白宫举行宴会，招待外国使节。法国外长德·寒胡赫尔伯爵坐在英国外交大臣查尔斯·沃恩爵士的对面。查尔斯·沃恩发现，自己每讲一句话，法国外长总要咬一下大拇指。沃恩越来越感到气愤，后来，他实在忍无可忍，便问德·寒胡赫尔：

"你是对我咬指头吗？先生？"

"是的。"伯爵傲气十足地回答道。

说时迟那时快，两人拔剑各自冲向对方。

就在两位外长快要交手之际，门罗总统的剑已架在中间，其动作之快，使满座皆惊。一场恶斗就这样被制止了。

"门罗之剑"毕竟是有限的，同事之间最好要有自己的心灵之盾牌，那就是宽容铸就的尊重与理解。

无谓的争论除了会破坏同事之间的友谊外，毫无意义。这样偏执的、带有明显进攻性的争吵，就像毒气一样，吞噬着同事之间的友情。辩论双方因固执地坚持自己的观点而面红耳赤、难分胜负，往往为芝麻大的事钻牛角尖，结果两败俱伤。现在的社会中，几乎每一位办公室人士都有机会与不好应付的同事打交道，绝大多数的人与这种类型的同事往来时，心情都相当不轻松、不愉快，如果可能的话，大家都想对他们避而远之。但是，既然不可避免，最好的方法便是正视并面对这件事，并设法寻求解决之道才是。唯一的克服方法，就是打开心胸，消除偏见以及找出同事的优点，再虚心跟他接触。这种方法，确实具有正面的意义。然而，在付诸行动时，这种不好应付的同事经常不按牌理出牌，所以，想要达成上述的建议并非易事。而且，一般人均很难轻易地从脑海中消除成见。因此，在处理这方面的棘手问题时，必须先在想法上作巧妙而适当的转变。

例如，不妨设想"与那个讨厌的家伙碰面，对我有什么好处呢？"换言之，将对方拟物化，并以做事的观点来看待对方。于是，在心理上须先将情感的因素置之一旁，再与对方进行交往。

此外，亦可将对方视为另一个集团的人。在那个集团里，也许包括了你的同事、上司、朋友等。而他们之所以属于那个集团是因为你与他们的交往，常会采用特别的、含有意图的交往方式，这种交往方式近乎纯生意上的往来关系。由此一来，你便可以掌握住自己该如何与这些人进行交往的技巧了。同时，你也大可不必顾虑过多的情面、人情等问题，而是完全站在业务上的立场与之应对即可。此时，这些不好应付的人，对你而言应该再也不是问题了。

现在，举个例子来说明应对这类人的方法。譬如，你正与不好应付的同事碰面，在谈话之初，或许只是闲聊着，不过，这种闲聊或试探的时间应尽早结束，并开始步入正题。

事实上，与这种同事碰面，多半都有相当的理由为前提。因此，应以这种前提作为谈话的中心，并尽快谈妥，这样的方式便够了。

总之，将此种会面视作生意上的往来，保持一种君子之交的态度即可。此外，值得一提的是，尽量避免涉及个人的情绪因素。不妨认为虽然对方是个不好应付的人，但一旦不与之交际，对生意上也许是一种损失。因此，若能顺利达成目的，不也是件值得的事嘛！如此一想，你便不会为了这种会晤而深以为苦了。法国的知名政治家布里安曾说："对自己而言，最重要的不是别人如何看待你，而是你如何去看待他们。"由此不难推想，将那些不好应付的同事视为纯生意上的来往对象，即采取灵活的态度只要你发挥忠于工作的热忱，应当不难处理其人际关系。如果同事在生你的气，其中必然有原因存在。姑且不论是不是你的错，但你必须先去安抚对方的愤怒。

不论生气的原因为何，既然对方已对你表示生气，你就绝对不宜置之不理或正面冲突。倘若事后对方恍然大悟，发觉你是无辜的，那么对于你的宽容和气度，必然会心悦诚服。

相反的，倘若你采取一味辩白的态度，便无异于火上加油，很可能导致更难解决的地步。

应付别人的愤怒情况时，不妨考虑以下的几种心态：

首先，如果幸运的话，不久对方即发觉原来是场误会，这是最好不过的了。但倘若对方对自己的误会依然迟迟未予发现，又应该如何处理呢？你不妨经由第三者来告知实情，或写信告诉对方实情以澄清误会。

再者，倘若造成对方生气的原因，真是由于自己的错误，当然"解铃还须系铃人"，亲自登门谢罪是理所当然的。不过，在表示歉意时，可得注意态度是否诚恳、事后补偿的处理是否妥善。倘若，你的谢罪致歉能让对方觉得满意，对方仍会对你的诚意与努力表示好感。

事实上，"人非圣贤，孰能无过"？但是倘若能将过错做一完整的善后处理，还是能够化险为夷、转祸为福的。

尽管在犯错时会遭受同事的指责或怒骂，心里确实不好受，但是，不妨反过来想：要是无人说你、骂你，岂不也表示无人关心你了吗？这样一来，反倒能够心平气和地接受指责，而没有不耐烦的表示，无形中你便得到道歉的效果了。尤其现在能苦口婆心地劝说他人的人愈来愈少了，因此，若能接触到这种类型的人，也算得上是自己的某种福气哩！工作不仅是谋生的手段，更是人生价值的追求。你对周围的同事充满爱心和宽容心，则会得到爱心的反馈，同事们也一定会以热情作为回报，你也会成为受欢迎的人。具体地说：

1. 经常反省自己

应看看自己是否有令他人不愉悦的地方。如对同事是否不够热情？工作成绩是否下降？个人的生活习惯是否让人讨厌？应从这些方面进行自我解剖，如发现问题要及时纠正。

2. 多听少说

不要自我膨胀，遇事应多听取同事的意见和建议，一味地喋喋不休无疑会言多必失。不要盲目而主观地把同事分成"好的"、"坏的"，其实，每位同事的优点都比缺点多好几倍，任何时候都不要伤同事的自尊心，生活中没有十全十美的完人，只有宽以待人才能获得同事的尊重。

3. 胸怀宽阔

不要过于计较别人的态度，即使对方是性格急躁的人，你也应理智地使自己保持平静的心态，让对方消除误会，对自己的工作勇于承担责任，迁就一下怒气冲冲的对方，会更显你"宰相肚里能撑船"的大家之气。古人云："水至清则无鱼，人至察则无徒。"因此，我们应对自己朝夕相处的同事抱着宽容为怀的态度，互相理解，互相支持，并且做到不计前嫌，以德报怨。如王女士在单位不仅工作争先，而且乐于助人，是公认的好人缘儿，个别心胸狭隘的人故意与她过不去："哇！小王昨晚掉到面缸里啦，今天脸这么白，条子又正，难怪招蜂引蝶呢！"谁知，王女士听后，落落大方地"多谢恭维"。有的同事不解地问："你就忍气吞声？"她笑笑说："莫生气，莫生气，气坏身体没人替。"她认为这种无聊的把戏，如果自己当真计较，不但伤了和气，而且还有损自己的形象，非原则问题应该难得糊涂。何必纠缠在这种无谓的口舌之争中呢，少说两句，退一步也是人生一种脱俗境界。扩展自己的心胸，可以融入集体之中，用心感受世界的美好。只有这样，生命才会充满阳光，才能在人生的四季里尽情领略和享受人间温馨，以昂然的激情酿造生活的美满。

幽默是最得体的场面话

大家都知道"自相矛盾"的故事，讲话不能自相矛盾，言行不能自相矛盾，这是双方思维得以顺利进行的起码的逻辑常识。但如果有意识地运用这种逻辑上的前后对立,却能产生幽默的趣味。因为这种不通的逻辑能带给人们一种意外,它能推动人们去思索这意外的内因,待明白真相后,往往会为这种故意的"自陷泥潭"而感可笑。所以自相矛盾幽默术能产生很有哲理性的幽默。平时在求职、求学期间,可以用一些隐性的自相矛盾幽默术让对方明白你的真实想法,尤其是一些敏感话题。所谓隐性的,就是表面看不出自相矛盾,但仔细一想就可以看到其隐藏的真实想法。也就是句子的表意、真义相对立。

　　当你求职时,招聘者如果问你对薪水的要求时,你不妨这样回答:"我不在乎钱的多少,我看重的是我的工作能力物有所值。"瞧,多么"冠冕"的话,前面说不在乎钱的多少,后面说看重自己的工作物有所值,但物有所值靠什么体现,不过是薪水多少、钱的多少,所以它其实是一个自相矛盾的话,表面上却能给人以"敬业"的精神感动!

　　在人际交往中,一般人都会有这样的感受:越是生疏的,越是彬彬有礼,而越是关系亲昵,越是可以开可怕而荒诞的玩笑。由于这类玩笑的自我矛盾性和非攻击性,因而十分风趣、可笑。

　　自相矛盾幽默术的关键是要造成一种意义上的对立,从而产生逻辑上的抵触。它其实是一种"轻喜剧"式的幽默,不论是隐性的,还是显性的;不论是讽喻他人的,还是自我暴露的,都能给你带来舒畅的笑意。

　　反话正说幽默术是用肯定语气表达否定意义的一种幽默。

　　也许大家记得美国前国务卿奥尔布赖特上任前的一则幽默。当时,克林顿想让她出任美国驻联合国大使,这一职务要求必须会说法语。奥尔布赖特会讲多种语言,且才干非凡,克林顿认为她是最佳人选,可奥尔布赖特对此职务并不热衷,她感兴趣的是国务卿的宝座。于是当克林顿就准备任命她为驻联合国大使的想法征询她的意见时，奥尔布赖特微微一笑，风趣地说："我不会说法语。"反话正说幽默术适用于许多场合，例如求职、求学、求爱、寻找帮助，打发客人等。"我能胜任那个工作"比"我不能胜任这个工作"强。说"你会成为诗人，因为我看过你的画"比"你的画画得太臭"中听。反话正说的幽默就是依靠具体的语言环境，把反面的意思暗含在正面肯定的话语中，使对方由字面的含义悟及其反面的本意，从而避免尴尬，产生幽默。

用场面话委婉地点拨对方

社会是复杂的，我们在生活中总会遇到一些不平之事、不公之人，又不能不去表达我们的不满；对自己亲近的人，有时候也需要巧加指责，让对方明白。但如何表达这种不满却有一定的学问，特别是对于一些非原则性的问题，要做到既能表达出对对方的不满，又不至于破坏和谐的人际关系，确实是不太容易。话里藏话、旁敲侧击不失为一种理想的武器。

1. 侧面点拨

即不直言相告，而是从侧面委婉地点拨对方，使其明白自己的不满，打消失当的念头。这一技巧通常借助于问句的形式表达出来。如 A 与 B 是一对好朋友，彼此都视对方为知己。有一次，本单位的青年 C 对 A 说：

"A，我总觉得B这小子为人有点太认真了，简直到了顽固的地步，你说是不是？"A一听C的话顿生反感，心想：你这小子在背地里贬损我的好朋友，缺德不缺德？但他又不好发作，于是假装一本正经地说："C，我先问你，我在背后和你议论我的好朋友，他要是知道了，会不会和我反目为仇？"C一听这话，脸"刷"地一红，不吭声了。这里A就使用了委婉点拨的技巧。面对C的发问，他没有直接回答"是"还是"不是"，而是话题一转，给对方出了个难题，而这个难题又正好能起到点拨对方的作用，既暗示了"B是我的好朋友，我是不会和你合伙议论他的"，又隐含了对C背后议论、贬损B的不满。同时，由于这种点拨较委婉、含蓄，所以也不致让对方太难堪。

2. 类比敬告

即以两种事物具有的某一相似点作比，暗示、警告对方言行的失当，使之明白自己的不满。例如，A公司的经理在一次业务谈判中，受到了B公司工作人员的顶撞。他气冲冲地给B公司的经理打电话说："如果你们不向我保证，撤销上次那个蛮横无理的工作人员的职务，那么，显然是没有和我公司达成协议的诚意。"公司的经理听了微微一笑说："经理先生，对于工作人员的态度问题，是批评教育还是撤职处理，完全是我们公司的内部事务，无须向贵公司做什么保证。这就同我们并不要求你们的董事会一定要撤换与我公司工作人员有过冲突的经理的职务，才算是你们具有与我们达成协议的诚意一样。"A公司的经理顿时哑口无言。在这里，B公司的经理就很好地使用了类比敬告的技巧。虽然说A、B两公司有很多不同之处，但有一点却是相似的，即A、B两公司对工作人员或经理的处分完全是各公司内部的事务，与对方有没有诚意无关。B 公司的经理就是抓住了这一相似点作比，从而敬告对方所提要求的过分和无理，表达了对态度蛮横的 A 公司经理的不满。需要说明的是，虽然这种技巧表达不满的语气也较明显，但它毕竟不像"直言相告"技巧那样带有警告的成分，所以称之为"类比敬告"，而不是"类比警告"。

3. 柔性敲打

有些女孩子喜欢动不动就生男友的气，以显示自己有个性。如果这个女孩是父母的掌上明珠，或是兄长的娇妹妹，就更是不能容忍别人对她的不满。有些痴情的男孩子因为自己的某句话引起女友的不快，生怕得罪自己的"公主"，会忙不迭地赔礼道歉，更有甚者会贬低自己，请求原谅，以示对恋人的忠贞，其实大可不必如此。某局长的千金小徐和本单位的小李谈恋爱时，总是显示出某种优越感，因为小李是农家子弟，大学毕业分在局里做科员，没有什么靠山。有一次小徐到小李家做客，对小李家人的一些生活习惯总是流露出看不顺眼的情绪，并不时在小李耳边嘀嘀咕咕。吃过晚饭她把小姑子使唤得团团转，又是叫烧水又是让拿擦脚布什么的。小李看在眼里很不是滋味，他借机笑着对妹妹说："要当师傅先学徒弟嘛！你现在加紧培训一下也好，等将来你嫁到别人家里，也好摆起师傅的架子来。"小李这么一说，小徐当时似乎听出了什么，过后不得不在小李面前表示自己有些过分。小李不失时机地用"要当师傅先学徒弟"的俗话来提醒小徐，避免了直接冲突。这样做的结果是，即使对方当时略有不满，过后也会有所感悟的。

4. 幽默提醒

幽默是人际关系的润滑剂，有时利用幽默表达一下对对方的不满，也不失为一种好方法。

有这样一则小幽默：在饭店，一位喜欢挑剔的女人点了一份煎鸡蛋，她对女侍者说："蛋白要全熟，但蛋黄要全生，必须还能流动。不要用太多的油去煎，盐要少放，加点胡椒。还有，一定要是一个乡下的母鸡生的新鲜蛋。"

"请问一下，"女侍者温柔地说，"那母鸡的名字叫阿珍，可合你心意？"在这则小幽默中，女侍者使用的就是幽默提醒的技巧。面对爱挑剔的女顾客，女侍者没有直接表达对对方所提苛刻要求的不满，却是按照对方的思路，提出一个更为荒唐可笑的问题提醒对方：你的要求太过分了，我们无法满足。从而幽默地表达了对这位女顾客的不满。

另外，对怀有恶意之人，自不必拼个鱼死网破，打动草丛惊走这条蛇就可以自卫；那些粗鲁的家伙冒犯你，只需敲响山石吓跑老虎便可及时收手。置人于死地之事最好不做，做一个可方可圆之人，方能立足于世。

场面话让你与新同事打成一片

你从一个环境转调到一个新环境中，面对的上司和同事都是陌生的，从事的工作可能也和你以往做过的不大相同。无形中给你的内心造成一种负担，仿佛人海茫茫，你却在一个孤岛上，不知道如何才能使自己投入人群之中并被大家接纳。在人们的内心深处，对外来的以及新来的人都或多或少有些排斥心理。如果你聪明的话，首先就要抛开自己对他人的陌生感、畏惧心、戒备心。一方面，你要多多拜访你的新同事、新上司，多了解新单位的情况；另一方面，你必须专注地投入你的新工作中。这样的话，你的新同事很快就会接受你、适应你。因为你的拜访说明你对他们有兴趣，愿意和他们相识、结交。同时你专心投入工作，也使他们认为你是个认真的人，并且很喜欢你的新工作，也表明你在各方面都力求和他们保持一致。他们会很快消除对你的排斥心理，你很快会同他们打成一片的。

一次，某单位同时调进了两个人，小杨和小白。小杨是个性格开朗，爱说爱笑的人；小白则老是一脸严肃，沉默寡言。小杨虽然看似开朗，爱说爱笑，可是目中无人。来到新单位许久，不仅没有拜访过任何一位同事，而且在工作过程中也从不向别人讨教，也许是他认为自己有足够的能力干好自己的工作。过了一段时间，大家都认为：小杨能调来本单位，一定是上面有人，看他那副神气劲儿，也不像个能干好工作的料儿。我们干了这么多年，还免不了互相请教、学习，可他新来的，不向我们请教，就能把工作干好？时间一长，大家都对小杨敬而远之，对他不冷不热的。

小白在办公室虽然很少寒暄，总是勤勤恳恳低头工作，但工作之余，却问长问短，逐家拜访、了解，打听新环境、新单位的一些情况，顺便也提出了许多工作上的问题。所谓"一回生，二回熟"，"人敬我一尺，我敬人一丈"，没过多久，小白就与同事们混熟了，工作起来更是如鱼得水。虽然自古以来就有"君子之交淡如水"之说,但"礼尚往来",有礼有节,你有情,我就有意。人与人之间就是通过来来往往、反反复复地交谈、沟通增加彼此间的了解,同时也增进了友谊。

所以一旦当你转入一个新单位,适应新环境最好的方法就是利用业余时间多和人们交流,多向新同事学习、讨教。通过你的话语,要让你的新同事知道,你需要他们的帮助,需要他们的友谊。如果你能做到这种程度,那么还有谁能拒绝向你伸出友谊之手呢?

"小赵,你好!冒昧打扰实在不好意思。不麻烦你吧?我也没什么事情,就是来你这儿随便坐坐。我刚来新单位,也没有熟悉的朋友,我们在一起工作,所以就不自觉地走到你这儿来了。""平时上班时间,忙忙碌碌,也没空儿深谈。你来这个城市多久了?你对这儿一定很熟悉吧?""小孟,找你真难呀!原想着你是单身,家在外地,我也刚来此地,正好是个伴儿。没想到,找你几趟都不在,今天终于'逮'到你了。""原来,你的业余生活还挺丰富的,桥牌、麻将、钓鱼、下棋样样都会。杀一盘怎么样?让我也好向你学几招。"

从以上的例子我们不难看出,只要你诚恳、虚心并主动向他人伸出友谊的手,你的新同事也一定会张开双臂欢迎你的。

第十一章

与下属相处少不了场面话

学会赞美下属

鼓励和赞美之所以能对人的行为产生深刻影响，是因为它满足了人的自尊心的需要，重视赞美的作用，适当地赞美下属，是领导者的有效管理办法之一。

有一个厨师擅长做烤鸭，然而他的经理却吝于给他一句赞美，这让厨师感到很难过。有一天，一个客人发现烤鸭只有一条腿，就向经理投诉。经理很生气地让厨师解释是怎么回事，厨师笑着说："咱们养的鸭子本来就是一条腿啊！"经理自然不信，两人一起来到后院，只见鸭子都趴在地上休息，只有一条腿露在外面，经理一拍巴掌，鸭子吓得连忙跑了！经理生气地说："它们不都有两条腿吗？"厨师很镇静："经理，那是因为你鼓掌，它们才露出另一条腿的！"这时经理才明白厨师的意思。

每个人都需要赞美、需要精神鼓励，一个人在完成工作后总希望尽快了解自己工作的结果、质量、社会反馈，如果收到的是积极肯定的评价，那他工作起来就会更有信心。

一番赞美，会给人带来满意和愉快的情绪体验，给人以鼓励和信心，让人保持这种行为，继续努力。

同时，人们需要通过尽快地了解反馈信息，对自己的行为进行调节。巩固、发扬好的方面，克服、避免不好的方面。如果反馈不及时，事过境迁，这时的赞美就没有太大的作用了。

一般说，高层次的需求是难以满足的，而赞美之辞，部分地给予了满足。这是一种有效的内在性激励，可以令人激发和保持行动的主动性和积极性。当然，作为鼓励手段，它应该与物质奖励结合起来。行为科学的研究指出，物质鼓励的作用，将随着使用的时间而递减，特别是在收入水平提高的情况下，更是如此。

有一个金香蕉的故事颇能给人以启示。在早期的福克斯波罗公司，急需一项关键的技术改造。有一天深夜，一位科学家拿了一台确实能解决问题的原型机，闯进了总裁的办公室。总裁看到这个机器非常巧妙，简直难以置信，便思考该怎样给予奖励。他把办公桌的大多数抽屉都翻遍了，总算找到了一样东西，于是躬身对那位科学家说："这个给你！"他手上拿的竟是一只香蕉，却是他当时能拿得出的唯一奖励了。

自此以后，香蕉演化成小小的"金香蕉"——别开生面的别针，以此作为该公司对科学成就的最高奖赏，由此看出美国福克斯波罗公司对及时赞美的重视。

不仅是重大的科技成果要及时予以奖励，就是对下属的点滴微小成绩，上司也应引起重视，及时加以鼓励。美国惠普公司的市场经理，一次为了及时表示酬谢，竟把几磅袋装果子送给一位推销员，以鼓励他的成绩。另外一家公司的一位"一分钟经理"，提倡"一分钟表扬"。即"下属做对了，上司马上会表扬，而且很明确地指出做对了什么，这使人们感到经理为你取得的成绩而高兴，与你站在一条战线上分享成功的喜悦。一共花一分钟时间"。这位经理的经验是，帮助别人产生好情绪是做好工作的关键。正是在这种动机的指导下，他实行了"一分钟表扬"。这样做有三重意义：一就是表扬要及时；二是表扬准确无误，不是含含糊糊；三是与部下同享成功的喜悦。

　　及时表扬是一种积极强化手段，它可以使员工和部属很快了解到自己行为的反应，有利于巩固成绩，向前发展。有些主管却喜欢不动声色地观察下属的表现，加以"储存"，然后在适当时候才找出来"提一提"或奖励一下，其效果已经减弱了一大半了。我们应该接受"金香蕉"的启示，像"一分钟经理"那样，及时赞美。精明的领导都善于用赞美去激励下属，使下属为我所用，无论从哪方面讲，赞美都可以称得上是花费最小、收益最大的管理技术，所以，如果可以的话，多多赞美你的下属，你会发现自己会因此而受到更多爱戴。

责备下属要有技巧

　　对待下属要奖惩分明，下属表现出色时，要及时表扬，当他们犯了错误时，就要责备。但责备员工时也要注意维护他们的自尊和干劲，尽量避免引起对方的情绪反弹。

　　责备员工要恰到好处，领导者主要注意以下几方面的问题：

1. 如果员工在工作中出现了失误，一定不要在大庭广众之下责备他。人人都爱面子，如果你在大庭广众之下责备下属，就等于是在损他的面子，那么即使你责备的很有道理，他心中必定也不服气。

有一个连长脾气很火爆，一次组织新兵训练时，发现某排动作迟缓，准备工作做得乱七八糟，就把排长叫出来骂了一通，没想到那个平时沉默寡言的排长居然在众人面前顶了他一句："训练普遍有问题，你凭什么只盯着我们排！"事后，两人聊了一次，那个排长说："上次我工作做得是不太好，如果你是在私底下骂我，那我绝对没的说，可你不应该在那么多人面前骂我呀！丢了面子，以后我还怎么管新兵？"

批评下属是为了让他纠正错误，所以你必须选择他能接受的方式。如果你在人多的地方大声批评他，那就不是为了督促他改正错误，而是为了发泄你的怨气了。

2. 责备是对别人的否定，而否定又有轻重之别。有鉴于此，就需要区别对待。严厉的责备是最糟的沟通方式，说出的话就像泼出去的水一样，很难再挽回了。

有的职员因为本身的原因，常常缺乏干劲，工作没有主动性。对于他们需要调动主动性，你指责他一通，也无济于事，主动性必须从其内心激发出来。对待他们的指责只能是隐晦的，在表面上要进行激励。

如他喜欢养花，可以将他的工作和花儿进行联系，就能引起职员的积极性，使他认真、热情地去工作。不仅如此，这种激励的方法还能使职员产生一种责任感，而责任感恰恰是做好工作的前提。

如此一来，职员必能心服口服，愉快地接受你的责备，因为他的努力得到了承认，他的积极性得到了肯定。

3. 人们在受到责备时，都会感到不痛快。但是，有一种特殊的人，挨了责备却"潇洒"得很，任你怎样批评，他只听之任之，我行我素，依然如故。

有位经理，精明强干，手下的一班干将也都十分出色。但前不久，他的秘书因为迁居别处而被调走了，接任的是一位刚刚毕业的大学生。这位新来的女大学生，做事又慢又马虎，常常将印过的资料不加整理便交出去，办公桌上也乱七八糟。转眼三个月过去了，她还是老样子。而且，这个女孩对于任何批评、责备，都只当作耳边风。后来，那位女经理决定改变责备方式，只要一发现她的优点就称赞她。

没想到，这个办法竟然很快奏效了，仅仅十几天，那女孩就好了很多。一个月后，她的工作成绩非常显著。

可见，责备这种职员应该从另一个角度出发，利用称赞来使他们改掉毛病，进而提高你所领导的整体的工作效率。

不当众责备职员当然是最好不过的。可是，每位领导都有各自的性格特点，有些领导比较容易冲动，特别是看到职员犯了比较严重的错误，严重影响全体的时候，就可能按捺不住心中的火气，当众责骂起职员来。这时，就好像是"丢了羊"一样。为了防止继续"丢羊"，就必须立即采取"补牢"的措施，使你因一时冲动而产生的副作用减至最小。

某位经理对工作总是一丝不苟，脾气比较暴躁，如果看到部门经理工作不负责任，或者令他不满意，就会情不自禁地要立刻直截了当地指出来。

尽管经理这样做是为了工作，部门经理心里也明白，知道经理并不是责骂他一个人，但是心里毕竟不是滋味。

事后，经理冷静下来，知道自己太过于冲动了，而且后来对部下解释说，这个部门平时工作也是十分出色的，只是因为这种情况，因而有些小错，但工作成果还是可以的。

于是，经理马上进行了"补牢"工作。他在那天下班之后派人把部门经理找来说："今天委屈你了，首先怪我太冲动，没有十分了解情况，对你的责备不当，请原谅。不过，你们部门的工作仍需要提高，相信你能做到这一点。"

几句话使部门经理的心得到了安慰，同时又有一种被信任感，再大的委屈也都飞到九霄云外了。

俗语说："打人一巴掌再给一个甜枣"，虽然不能轻易地"打一巴掌"，但既然已经"打"了，给与不给"甜枣"效果便会大不相同。丢了羊，再补牢这便是一个不是办法的办法，当你一时冲动当众责备了你的部下时，不妨试试这个办法。

责备下属最忌讳的是批评不准确，与事实不符最容易引起下属的反感和对抗，所以责备下属前一定要把各方面的事实和情况搞清楚，做到说话要有根据。

不妨跟下属开开玩笑

一些领导最讨厌下属开自己的玩笑，自己也不会去和下属开玩笑，他们以为这样做是在维护自己的威严，实际上却是让自己的形象变得更加冷硬而已。适当的和下属开开玩笑，会使上司显得和蔼可亲，不那么高高在上，这更有利于工作的开展。

现代美国工商界的大人物们都能接受别人的玩笑，其中有些人不仅乐于接受取笑，还善于用玩笑礼尚往来。有幽默感的老板们甚至以欣赏的态度对待他人的玩笑。在他们看来，开玩笑表示喜欢。

下面是常见的几句玩笑话："若不是他拼命工作，哪会有今天这种成就？要知道他的老板并没有女儿。"

"那些人取笑老板也太过分了，连相貌都要取笑一番。我无法取笑老板，因为我觉得老板什么都没有。"

"老板说是授权于人，在我看来他是在推卸责任。"

这种开几句老板的玩笑话，可能会帮助你缩短人际关系的距离，不仅包括和同事的关系，也包括与老板的关系。难怪有人说，最好的沟通办法是让上司和你一起笑。假如你遇上了一位富有幽默的上司，你可以说："我已经快被压扁了，不是肩膀碰了别人的车轮，就是脑袋碰上了别人的长矛。谁愿意在那个位置上工作？"

他可能这样答复你："好吧，我给你升一级，希望你在这最后的半个月工作中感到满意。"

有的专家研究认为，在说玩笑话的时候，常常用反语来表示真正的含义，所以玩笑往往是夸大其词。在现实生活中，如果你是一位领导者，应该注意：

1. 当别人向你开玩笑或取笑你的时候，不管你喜不喜欢对方的幽默，都要尽量和大家一道笑，以此表现一位领导者所具有的幽默风度。比如一个老职员说："经理已经同意在我的银婚纪念日那天放一天假。他可真是慷慨，甚至提醒我注意，不要每隔 25 年就麻烦他一回。"

2. 在笑自己的时候，不要以自己为中心。要运用幽默的方式表现对下属的体谅与关心，从而鼓励他们乐观向上。"经理可真行，他要求我们准时上班不要迟到，办法就是只给 100 位职员提供 50 个停车位。"

3. 对玩笑要有适当地节制。为了工作的正常进行，你和下属都不可能把大量时间花费在无休止的玩笑中。玩笑多了也会使人感到懈怠和厌烦。总的来说，上级与下属之间的玩笑应当有利于工作的进展，否则就是无聊的玩笑了。

在明智领导者的眼里，下属的成就也是他的成就。如用幽默鼓励别人，这样做的结果，你可以把重大的责任托付于人，减轻你的负担，以便你更主动、更自由地发挥你的创新精神，在事业上有所建树，取得更大的成就。

还要看到，在人生的长河中，任何人在工作中都会发生失误，而许多失误在于墨守成规，失去进取的冒险精神。但反过来看，正是失误和过错，才能使我们更准确地了解自己，因而产生更强的自信感。只有那些能够意识和接受自己所犯错误的人，才算是真正地认识了自己的能力。承认自己的过失也许是个冒险，很多人不愿意或不可能这样做。可是这冒险是值得一试的，比别人早一步承认自己的过失，有可能使你失去一些东西，但你得到的也许更多一点。因为承认自己过失的举动证明你是个诚实的人，尽管这种做法有的人会认为是"犯傻"，但更多的人对你的过失反倒会理解。假如用幽默的方式显示出自身的缺点和过失或工作中的不足，就可能在你和下属之间形成一种轻松亲切的感情交流，在相互理解、礼貌友好的交谈之中，建立起良好的工作共事关系。当领导不但要有威严，还要有亲和力、有人情味，死板着脸未必能获得拥戴，适当地跟下属开开玩笑，对于拉拢和控制部下往往能收到异乎寻常的效果。

场面话让下属心服口服

要让人听命于你，你必须找出可以让他百分之百服从你的隐秘动机。如果能够找出对方需要什么，然后告诉他听命于你即可得到它，你便胜券在握了。你将拥有对他彻底的把握力和支配权，你总能得到最满意的结果。你可以运用以下三种方法分阶段让对方"进入状态"，无条件地服从你的命令。

1. 称赞

承认其工作，确认其价值。假如你想让对方对你全力以赴，假如你想让他绝对听你指挥，那就要称赞他。告诉他干得如何出色，你多么需要他，你是多么离不开他，有他在你手下你是多么高兴。称赞是让人感到自己价值的最快捷、最可靠的方法，也最为经济，因为称赞他人的工作根本不费你吹灰之力。

一旦你把对方如此看重和渴求的价值感、赞赏和承认统统给他，那么，他不仅会不打折扣地听你指挥，而且几乎会对你唯命是从。

2. 让他的工作有意思

让人清楚他的工作为什么重要，对全局的成功有何贡献。如果他了解其工作的目标和在总体计划中所起的作用，他对工作会有更大的兴趣。

3. 给人情感保障

如果人们经常担心失业、降级、停职或受某种处罚，他就不可能发挥其全部才能。恐惧和威吓不会有最好的结局，恐惧导致仇恨，而他一旦对你怀恨在心，就再不愿听你指挥了。

你可将此三种简单的方法在自己孩子身上试验，你用称赞代替批评，让他们知道他们对你是何等重要。给孩子爱和情感保障而不使用恐惧和威吓，你会对他们给予你的合作大吃一惊。

用场面话挽留员工

"千金易得，一将难求"，优秀员工的跳槽时常困扰着领导。任何公司都避免不了竞争的袭击，高素质的员工总是会有工作机会找上门来。

当优秀员工递上他的辞呈时，领导们不见得会束手无策，但能把多少人留下来，决定了你对他们得到的工作机会做何反应，即你的反应速度有多快、劝人留下来是否有效。这个时候，需要掌握一些实用有效的场面话，留住员工。下面的一些建议可供借鉴。

1. 场面话要及时说

如果企业十分想留住这位员工，那就没有什么事比立即对离职作出反应更重要了。领导应该马上放下预订的活动，任何延误，例如"开完会我再和你谈"之类的话，都会使辞职不可挽回。带着紧迫感处理问题有个目的，首先，向员工表明他确实比日常工作更重要；其次，在员工下决心以前，给领导最大的机会去尝试改变他的想法。

2. 保密消息

绝对封锁辞职的消息对双方都很重要。对员工来说，这为他改变主意继续留在公司清除了一个主要障碍，这个障碍有可能使他在重新决定时犹豫不决。如果其他人毫不知情，他就不必面对公开反悔的尴尬处境。而企业在消息公布以前，能有更大的回旋余地。

3. 倾听员工心声

领导要坐下来和该员工交谈，仔细聆听，找出辞职的确切原因。从员工身上了解到的情况要原封不动地向上级汇报，即使其中有对领导的微词。还要了解员工看中了另一家公司的哪些方面，是环境更好，待遇更优厚，工作节奏有快慢差异，还是对事业看法发生了根本转变。这些显然是说服员工改变主意的关键。

4. 组织方案

一旦收集到准确材料，领导们应该形成一个说服员工留下来的方案。一般而言，员工因为两个并存的原因而辞职：一个是"推力"，即在本企业长期不顺心；另一个是来自另一家公司的"拉力"，即站在这山望着那山高。一个成功的挽留方案应该针对员工产生离职想法的问题，提出切实的解决意见，还要使员工认识到，对别家公司的种种好处、看法不切实际。

5. 全力求胜

有了仔细规划的策略，就该着手挽留员工了。领导对辞职快速作出反应，就是要让员工从一开始就感到，他的辞职有误会，公司也知道这是个误会，并将全心全意纠正失误。要是合适，公司领导可以在工作时间之外和他一起用餐，工作所需的各级领导都应参加。如果员工的配偶是其辞职的重要因素，那就请她（或他）也一起参加。

6. 为员工解决困难，把他争取回来

如果方案组织及时，又确实能纠正造成员工心猿意马的那些问题，员工可能会改变想法，除非辞职员工确实已对企业深恶痛绝。多数情况下，他们只是不满工作中的某些方面，或不喜欢在职上司。当他们能在别的公司找到工作时，这些问题就被放大了，因为粗看之下，那家公司好像挺能满足相应的要求。通过缓和与本企业的矛盾，突出与那家公司的不同之处，员工往往同意留下来是最佳选择。

7. 赶走竞争对手

要让员工同意，给竞争对手打电话，回绝对方提供的工作，他应该坚定不移地表明，不希望再讨价还价或继续商量，他将留在本企业，他的决定是最终决定。让员工用这种方式向竞争对手表明事实，阻止那家公司企图再挖走其他员工。